白山登山

と白山手取川ジオパーク

全コース
ガイド

奈良時代の開山から
１３００年余を経たとされる白山。
かつて修行僧たちが
苦行に取り組んだ修験の霊山は、
今日、頂上部とその周辺が、
国立公園とユネスコエコパークに指定され、
山域を含む白山市全域が、
白山手取川ジオパークに認定されて、
自然を満喫する大勢の登山者で
賑わっている。

目次

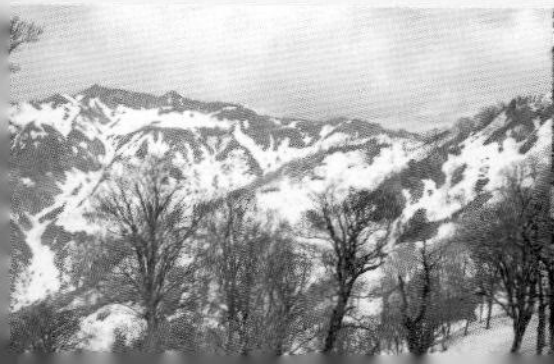
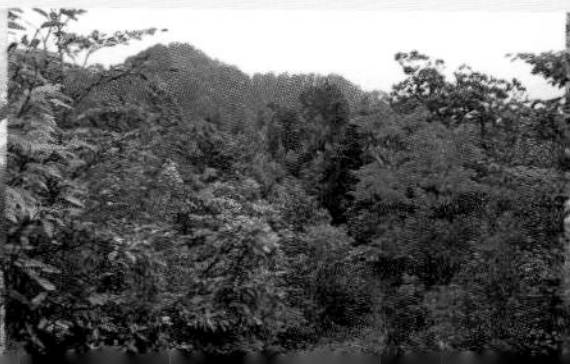
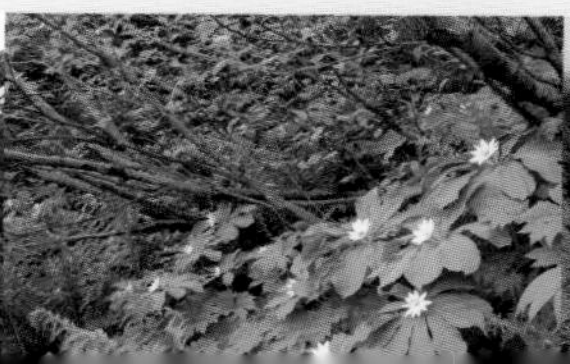
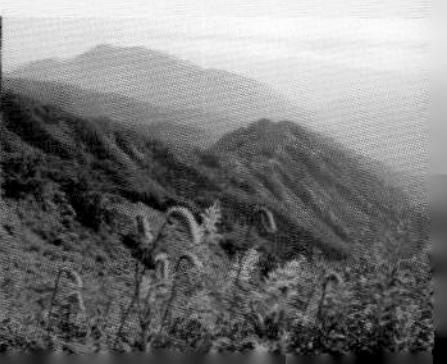

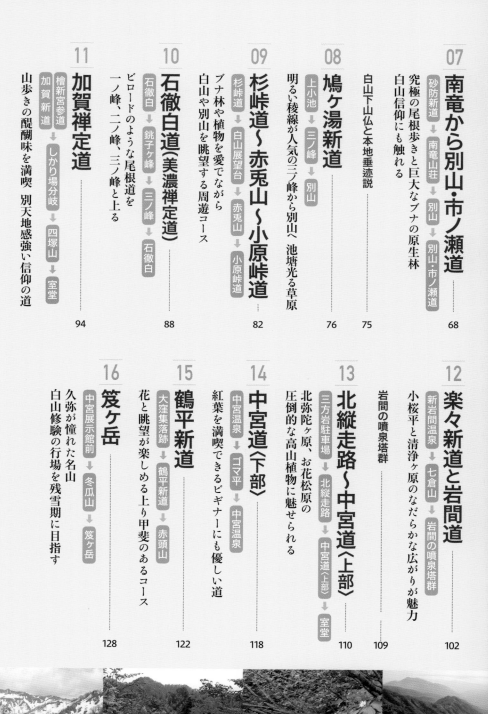

凡例
● 本書は、白山へのさまざまな登山コースを、著者が実際に歩き、その記録をまとめたものです。
● 収録した「登山メモ」のデータは変わる場合がありますから、ご利用にあたっては必ず事前に関係機関へ確認してください。
● 各コースの「概念図」は、国土地理院発行の二万五千分の一地形図に基づいて作成しました。赤の破線は本文で紹介したコースを示します。
● 「参考コースタイム」は標準的な所要時間（休憩時間を含みません）ですが、気象条件、登山経験、体力などによって変わることを念頭において計画してください。

白山登山
ルートマップ
石川県
岐阜県
福井県
白川村
吉野谷
尾口
白峰
大野市
荘川
笈ヶ岳
冬瓜山
仙人窟岳
16 P.128
スキー場跡
尾添川
国道360号
至尾口村瀬戸野
山毛欅尾山
白山一里野温泉
中宮展示館
白山一里野温泉スキー場
白山白川郷ホワイトロード
中宮温泉
新岩間温泉
中宮料金所
三村山
檜新宮参道
加賀新道
親谷の湯
湯谷ノ頭
14 P.118
大辻山
中宮道
シナノキ平避難小屋
しかり場分岐
岩間温泉元湯
ショウガ山
口長倉
11 P.94
12 P.102
楽々新道
岩間道
奥長倉避難小屋
奥長倉
小桜平避難小屋
薬師山
小桜平
ゴマ平避難小屋
ゴマ平
加賀禅定道
鳴谷山
砂御前山
間名古の頭
火の御子峰
北竜ヶ馬場
四塚山
七倉山
3 P.38
北弥陀ヶ原
5 P.52
大汝峰
黒ボコ岩
剣ヶ峰
御前峰
6 P.60
殿ヶ池避難小屋
白山釈迦岳
室堂平
室堂センター
ナナコバ山
平瀬道
2 P.32
釈迦新道
弥陀ヶ原
大倉山
観光新道
砂防新道
南竜山荘
南竜ヶ馬場
大倉山避難小屋
4 P.44
甚之助避難小屋
東高山
指尾
白山禅定道
別当出合センター
1 P.18
市ノ瀬登山センター
手取川
白山温泉
別山・市ノ瀬道
チブリ尾根避難小屋
別山
7 P.68
西高山
8 P.76
小原峠道
杉峠道
9 P.82
三ノ峰
三ノ峰避難小屋
六本檜
鳩ヶ湯新道
二ノ峰
杉峠
一ノ峰
10 P.88
赤兎山
よろぐろ山
上小池駐車場
銚子ヶ峰
願教寺山
神鳩ノ宮避難小屋
(石徹白道)
美濃禅定道
よも太郎山
丸山
初河山
鳩ヶ湯鉱泉
打波川
石徹白川
芦倉山
薙刀山
至勝原
至石徹白
至白峰
至上平
ゾウゾウ山
三方岩駐車場
国見山
瓢箪山
馬狩料金所
三方岩岳
15 P.122
大窪
鳩谷ダム
野谷荘司山
鶴平新道
もうせん平
妙法山
北縦走路
13 P.110
国道156号
庄川
奥三方岳
三方崩山
大白川避難小屋
大白川
大白川ダム
白水湖
日照
尾上郷川
N
0
5 km

白山の概要

◆白山の魅力

白山は、石川、富山、福井、岐阜の4つの県にまたがる山々が寄り集まってできた、独立した山系の総称です。山頂部には、**御前峰《ごぜんがみね》**、**剣ケ峰《けんがみね》**、**大汝峰《おおなんじがみね》**と3つピークがありますが、「白山」というピークはありません。通常、白山に登るというのは、一番高い御前峰に登ることをさしますし、「お日の出」を拝むのも、御前峰からが一般的です。

白山の魅力は、富士山、立山と共に**日本三名山（霊山）**とあげられるように、周辺から飛びぬけて大きな広がりを持って、一年の大半に渡って白い巨体を横たえているところにあります。

歩く山としての白山の魅力は、なんといっても**お花畑の広がり**です。豪雪の山域で雪どけを待ちかねて咲く花たちに会うために、夏山シーズンになると全国から多くの登山者が訪れます。また、道々を包む植生の豊かさは、幕府の直轄領として勝手な伐採が禁じられていたこともあって、**ブナやダケカンバの原生林**に見られるように、他に類を見ない規模で登山者を圧倒します。登山道は、どのコースも整備されていて、無理をせずに注意して歩けば危険なところはほとんどありません。

しかし冬になると、日本海側特有の湿気を含んだ重い雪が一面を覆い、そこに悪天候が加わると、小手

先の技術だけではどうにもならない、もうひとつの顔を持つ白山になります。

◆火山活動と登山届

白山で最後に噴火があったのは1659（万治2）年です。15の爆裂火口があって、翠ケ池《みどりがいけ》など一部が火口湖になっていますが、過去1万年以内に噴火していることから、**活火山**に分類されています。

日本の活火山は、2017年時点で111山。火山活動が高い順では、**白山はランクC**。日光白根山や八丈島と同じです。Aは桜島や伊豆大島で頻繁に噴火を繰り返しているところです。2014年に58人の犠牲者を出した御嶽山はBランクですが、過去1万年以内の噴火記録がなくても噴火の可能性は否定できません。（156ページに「白山火山の生い立ち」）

岐阜県に続き、石川県でも2018年から、万一の災害に備えて、**白山登山届出**を義務づけました。（詳細は144ページ）

◆白山の天候

【冬】周期を読んで判断

シベリア大陸で寒冷高気圧が発達して西高東低の気圧配置となり、北西の風が吹きます。この季節風は、12月から2月にかけて強くなります。この間、高気圧の勢力の大小は数日間の周期性をもつので、冬季にアタックする場合は、この周期を読んで対応することです。

2月も半ばを過ぎると大陸の高気圧もやや弱まり、ときに移動性高気圧となって日本を覆い、山でも一両日は好天となります。とはいえ背後

好天に恵まれると花も山もいっそう美しい

には必ず低気圧が近づいていることを忘れてはなりません。

【春】底雪崩にも注意を

3月はまだ冬型が続きますが、大陸性高気圧の勢力は衰え、その一部が移動性高気圧となって東へ進むので気温も上昇し始めます。しかし、2月よりもずっと南へ下がった低気圧が東シナ海から日本海に入って発達するため、平地での暴風日数は2月よりも多くなります。好天もあるが、天気の変化も早く、底雪崩にも注意しなくてはなりません。

【夏】天気の安定を待って

6月に入ると、梅雨前線が本州南岸に接近してきて長雨が続きます。梅雨入りは6月15日、梅雨明けは7月18日というのが平地の金沢の目安ですが、白山山系は平地より早く、6月初旬から霧に包まれ、ちょっと

春の白山登山

雪に覆われた白山山頂部

好天になっても山は集中豪雨になることがあります。白山に登るには、7月20日以降の天気が安定した頃まで待つほうが無難でしょう。

【秋】台風を避け10月の好天に

8月末から9月にかけて台風がやってきます。台風の時期を過ぎると、大陸性高気圧が移動性となり、10月には登山に適した好天が続きます。そして10月下旬には、白山に再び冬がやってきます。

◆白山の雪と地球温暖化

日本は世界でも有数の雪が多い国です。白山山頂では4月下旬でも**10メートルの積雪**があるのは当たり前、白山山系の標高500メートル以上の山には、合わせて約6億トン（4月下旬）の雪があるのが通例で、この雪が石川県（白山を除く）に降ったら、新雪で単純計算で、一様に3メートルの積雪になるのが常でした。

が、近年の地球温暖化、気候変動、異常気象は、そんな当たり前だった北陸の冬を、「当たり前」でなくする事態を招いています。近年、雪に苦しめられることが少なくなったことを喜びながらも、一方で不安に襲わ

観光新道で見られるハクサンシャジン

弥陀ヶ原で見られるハクサンコザクラの群生地

れているのが、北陸に暮らす人たちの本音ではないでしょうか。

◆白山の植物

白山は、2400メートル以上の**高山帯**を持つ山としては日本で一番西にあるため、**高山植物の分布の西限、あるいは南限**といわれます。高山帯の面積が狭いので、立山や白馬岳一帯のように種類は多くありませんが、固体の数が多く、見事なお花畑が広がっています。

江戸時代に紀州藩の畔田《くろだ》伴存《ともあり》という人が、白山に関する初めての学術書『白山草木志』を著しています。明治に入ってからも多くの学者が調査に入り、それが植物の名前に「ハクサン」が付くものが多い理由となっています。現在、「ハクサン」が付く植物は、標準和名で18種類ありますが、白山固有の種はひとつもないそうです。

また、全国的にも注目される**ブナ林**、**ハイマツ帯**や**オオシラビソ（アオモリトドマツ）帯**の広がりをはじめ、**ダケカンバやミヤマハンノキの群生**も白山の大きな魅力となっています。（148ページに「白山の花ガイド」）

◆白山の動物

中腹のブナ帯辺りを中心に、**ツキノワグマ**、**ニホンカモシカ**、**サル**などのほかに、山頂付近の**オコジョ**、石川県の鳥でもある**イヌワシ**、**イワヒバリ**、**ホシガラス**などの野鳥、そして、一帯の沢には**イワナ**なども生息しています。また最近、**ライチョウ**が飛来し、再びすみつくのではないかと言われています。

しかし近年問題になっているの

ハイマツ低木林

は、かつて生息域でなかったイノシシが高山帯の山頂付近でみかけられるなど、気候変動の影響は、高山植物がシカに食い荒らされている岐阜県の伊吹山同様、白山の代名詞でもある「お花畑」への危惧さえ抱かせる事態となっています。

◆白山の山小屋

営業をしている有人小屋は、**室堂ビジターセンター**（5月1日～10月15日）と、**南竜山荘**（7月1日～10月中旬）のみ。また、幕営地も**南竜ヶ馬場**《みなみりゅうがばんば》（南竜山荘そば）だけなので、コースや天候によっては無人の**避難小屋**を利用することになります。避難小屋は釈迦新道を除く各コースにあり、快適なねぐらを提供してくれますが、水量が安定した水場がすぐ近くにある小屋は限られています。

◆アプローチ

公共交通機関を利用して白山を歩こうとすると、市ノ瀬、別当《べっとう》出合《であい》を起点とするのが一般的ですが、これも始発と最終便の時間制約をうけますし、中宮道や他のコースとなると、極端に不便です。自由に歩こうとしたら、マイカーやタクシー利用をおすすめします。

白山室堂ビジターセンター

白山手取川ジオパークの概要

白山市全域が「大地の公園」

ユネスコ（国際連合教育科学文化機関）は、大地、水、気候などの基盤的環境に支えられる生態系の持続可能性を保ち、人類の安定した存続を図るために、世界遺産、ユネスコエコパーク、ジオパークなどの制度を運用しています。このうちジオパークについては、日本国内のみで認定を行っている日本ジオパーク（ＢＲ）という制度があります。

２０１１（平成23）年に白山山頂から日本海におよぶ白山市の全域が白山手取川ジオパークとして日本ジオパークに認定されました。２０２０年現在、白山手取川ジオパークは、ユネスコ世界ジオパーク認定を目指しています。

白山手取川ジオパーク

ジオパークは、「大地の物語（ジオ）」、「動植物（エコ）」、「人の生活、歴史、文化、産業（ひと）」それぞれのつながりを学び、保護しながら、楽しみを広げるプログラムです。ジオ、エコ、ひとを丸ごと理解することで、地球で起こる様々なことを自分ごととして考えることができ、世界で進めているＳＤＧｓの理解や、取り組みにもつながります。

白山手取川ジオパークでは、白山から手取川、日本海へ至る中で繰り返される〝水の旅〟と〝石の旅〟をキーワードに、火山や化石、峡谷や扇状地など、大地の成り立ちを、自然と人との関わりの中で楽しみながら学べます。

特に、この白山登山ガイドで紹介する白山周辺部には、火山由来の岩石や恐竜時代の地層、高山植物や様々な動物、白山信仰に関するものなど、多くの見どころが存在しています。

白山ユネスコエコパークのエリアマップ

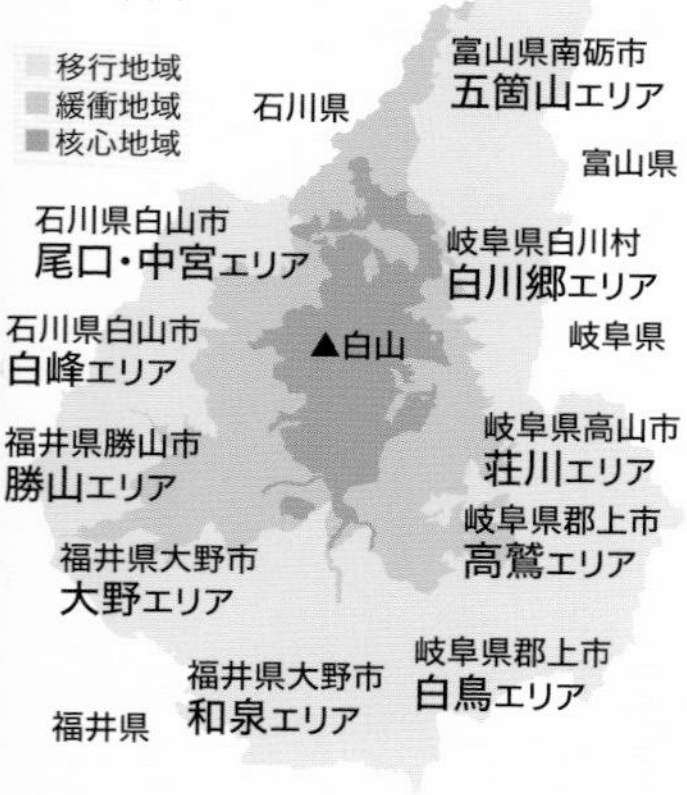

水をテーマに3つのエリア

白山手取川ジオパークは、全体を、「水の旅、石の旅」をテーマに「山と雪のエリア」、「川と峡谷のエリア」、「海と扇状地のエリア」に分けています（16ページの「見どころＭＡＰ」、１８０ページの「見どころガイド」参照）。

基盤的環境（ジオ）、生態系（エコ）と人間社会（ヒト）の関係構造

【1】山と雪のエリア

日本海の対馬暖流からたっぷりと水蒸気を含んだ冬の季節風は、白山山系の高い壁にぶつかり大量の雪を降らせ、白山周辺は世界的にもまれな低緯度豪雪地帯になっています。

このエリアは見どころが多彩です。白

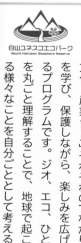

山では、白山火山の活動によるすばらしい景観、高山植物や白山信仰の歴史など多様です。山ろくには山間豪雪地帯の集落が点在します。桑島化石壁は、約

1億3000万年前の恐竜時代の化石を産出する地層である手取層群《てとりそうぐん》が見られます。手取川上流部の百万貫の岩は、昭和9年の大水害の時に上流から流出した手取層群の巨岩です。蛇谷峡谷沿いには有料観光道路白山白川郷ホワイトロードが通ります。

【2】川と峡谷のエリア

大日川、直海谷《のみだに》川などの支流が合流する手取川中流域では、高さ20～30メートルの絶壁の間を清流が流れる手取峡谷が見られ、急流と岩石の硬軟により大小の奇岩が散在し、大正期以降の水力発電設備も特色です。この地は、加賀一向一揆が織田信長軍と最後の戦いを繰り広げことで知られ、国指定史跡の鳥越城跡などが残ります。

【3】海と扇状地のエリア

手取川とその支流が山地から礫や砂を大量に下流へと運び堆積させて形成された手取川扇状地は、一大穀倉地帯で、北東端に古代の物流基地である東大寺領横江荘遺跡があります。手取川七ヶ用水が大地を潤し、海岸付近では名水とされる伏流水が多く見られます。

白山ユネスコエコパークも

1980（昭和55）年に白山は大台ヶ原・大峯山、屋久島、志賀高原とともに日本最初のユネスコエコパークに登録され、2016年には、人々が居住し、自然環境と調和して地域の持続可能な発展を図る「移行地域」が拡張登録されました。白山市では白峰地域全域と尾口地域のほとんどの区域、そして吉野谷、鳥越地域の一部がユネスコエコパークのエリアに含まれたのです。

ジオパークとユネスコエコパークは、「保護」を重視する世界遺産と異なり、貴重な資源の保護・保全をはかりつつ、その資源を持続可能な形で観光や教育活動に利用し、地域振興を図ることも求めています。

詳細はこちらを参照

- ジオパークぶらり（アプリ）……日本国内のいくつかのジオパークについて見どころなどを紹介するアプリ。白山手取川ジオパークでは、登山道沿いやエリア全体といったテーマ毎に主要な見どころを、モデルコースとして示しながら紹介している

ジオパークぶらり　検索

- 白山手取川ジオパークのHP、白山ユネスコエコパークのHPは203ページ参照

白山BR
ウェブサイト

白山手取川GP
ウェブサイト

白山手取川ジオパークの見どころMAP

テーマを体感する3つのエリア

白山手取川ジオパークでは、「山と雪」「川と峡谷」「海と扇状地」の3つのエリアに分けて、その中に、多くの見どころを設定しています。エリアでは、それぞれその地域の大地の物語と自然、そして人々との関わりを体感できます。

「ゆきママとしずくちゃん」
©2012HTGPC

白山手取川ジオパークの公式イメージキャラクターで、白山市の観光特使にも任命されています。白山の雪でできた"ゆきママ"が、背中のリュックに雪解け水の"しずくちゃん"を背負って、ジオパーク内を一緒に旅しています。1人でも多くの人に、故郷の素晴らしさを知ってもらいたいと思っている仲良し親子です。

川と峡谷のエリア

水が育つ

いくつもの川が合流し、流れが大きくなるエリアです。峡谷や河岸段丘などの水の流れによって大地が削られた地形が発達しています。

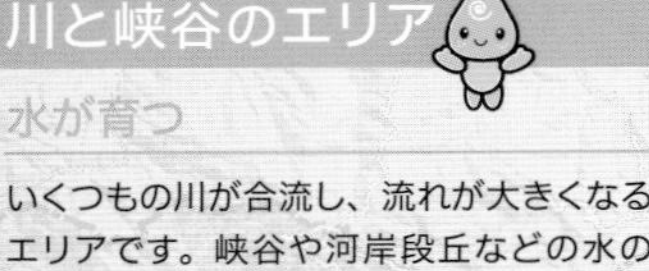

手取峡谷

海と扇状地のエリア

水が活かされる

水から受ける恩恵と脅威を感じるエリアです。水の流れが上流から運んだ石や砂が平野部にたまった地形、扇状地が海に入り込むように発達しています。

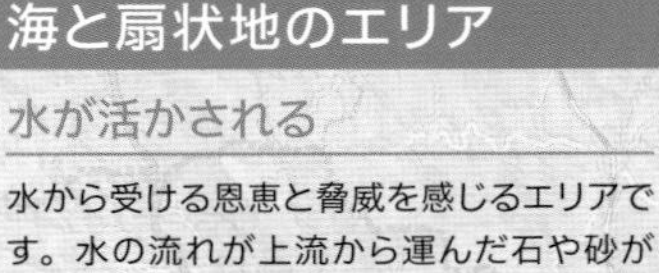

手取川扇状地

山と雪のエリア

水が生まれる

恐竜時代などの古い時代に作られた大地からほとんどが成り立っています。多くの水が舞い降り、水の流れが始まるエリアです。冬場には大量の雪が積もります。

白山火山

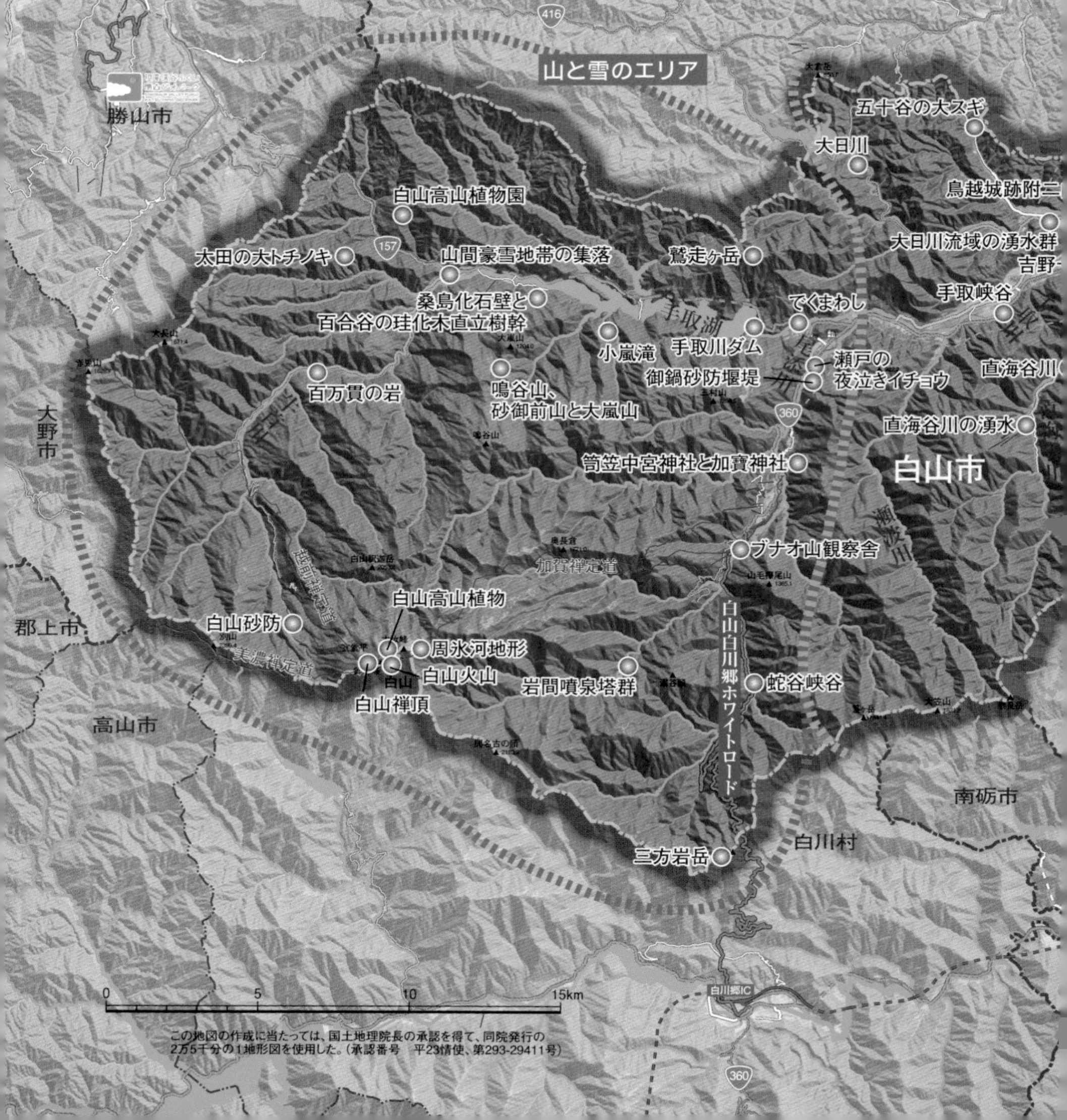

この地図の作成に当たっては、国土地理院長の承認を得て、同院発行の2万5千分の1地形図を使用した。（承認番号　平23情使、第293-29411号）

01

砂防新道とエコーライン

別当出合 ⬇ 砂防新道 ⬇ 室堂 ⬇ 南竜ヶ馬場

最短コースを上り日の出や高山植物を楽しむ

歩行時間	全行程5時間20分
標高差	室堂まで1198m

お花畑の中に木道が続くエコーライン

白山に登る人たちの大半が利用する砂《さ》防新《ぼうしん》道《どう》。そのわけは、登山口までの公共交通の便がよく、登山道が歩きやすく整備されていて、途中にトイレが2カ所、避難小屋が1カ所、水場も数カ所あり、どのコースよりも短時間で登れるからです。

【1日目】

＊市ノ瀬〜別当出合〜中飯場

不動滝や柱状節理を望みながら

夏山シーズンになると、登山口がある別当出合に行くには、市ノ瀬から先の道が狭いため交通規制が敷かれ、平日の決められた曜日・時間以外はバス利用となります。そこで多くの登山者は、**市ノ瀬ビジターセンター**前からバスで人気の登山口・**別当《べっとう》出合《であい》**へと向かいます。もちろんシーズン真っただ中となると車内は満員です。

バスが到着したら、出合のセンターで身支度です。登山届をポストに入れ、鳥居をく

別当谷に架かる吊橋を渡る

別当出合をあとに

不動滝が見えたらまもなく中飯場

ぐって**別当谷に架かる吊橋**を渡ると、砂防新道が始まります。すぐ分岐にさしかかりました。元々は、左手の山腹伝いにつけられた狭い道だけだったため、いつも渋滞していました。が、**上り専用の直登コース**が出来て、従来の左手迂回道が下り専用になったことで、混雑は随分と緩和されました。

上り専用の階段を上りきったら、ブナの巨木に包まれた岩混じりの道をたどります。しばらく緩やかに高度を稼ぐと**中飯場**《なかはんば》です。大勢の登山者が休憩しています。トイレと水場があって、時間的にも最初の休憩にちょうど良いところです。

＊**中飯場〜甚之助避難小屋〜南竜道との分岐**

尾根道の見晴らしを満喫する

ひと上りすると、その先の道幅が広くなったところで年輩グループが休憩しています。さらにひと頑張り、木道が現れると道がゆるやかになり、観光新道の尾根が一望できる開

甚之助避難小屋手前のベンチ

トイレがある中飯場で最初の休憩

甚之助避難小屋

南竜ヶ馬場との分岐でひと息入れる

けた草地にさしかかりました。甚之助避難小屋のすぐ手前で**ベンチ**が置かれています。登山者が多い時は、小屋の前の混雑を予測して、ここで休憩するというわけです。

　そこからほんのひと歩き、にぎやかな声が聞こえてきたら**甚之助《じんのすけ》避難小屋**が見えました。建て替えられて間もない小屋はとてもきれいで、トイレもステンレスの便器になった上に水洗と清潔です。

　ここで一息入れ、次の休憩場所にちょうど良い**南竜ヶ馬場《みなみりゅうがばんば》方面との分岐**へと向かいました。見晴らしの良い分岐では、多くの人たちが一息入れています。

　南に目を向けると、別山《べっさん》をはじめ赤兎山《あかうさぎやま》、大長山《おおちょうざん》など、福井県境に連なる白山山系の山々が飛び込んできました。

＊南竜道との分岐～黒ボコ岩～室堂

白山を満喫できるポイントが次々と

「花の白山」はここから始まります。最初は遠慮がちに、ミヤマキンポウゲ、キヌガサソウ、シナノキンバイ。少し進むとミヤマダイモンジソウ、オオカニコウモリなどが顔を出します。続いて右手斜面にオタカラコウ、ニッコウキスゲが現れ、沢の斜面にリュウキンカの群落が見え、ピンクのハクサンフウロやタカネナデシコも迎えてくれます。

　山腹を水平に横切るように進むと、**十二曲《じゅうにまが》りの坂**にさしかかりました。すぐ手前の沢筋で喉を潤しながら、黒ボコ岩を見上げます。

砂防新道とエコーライン

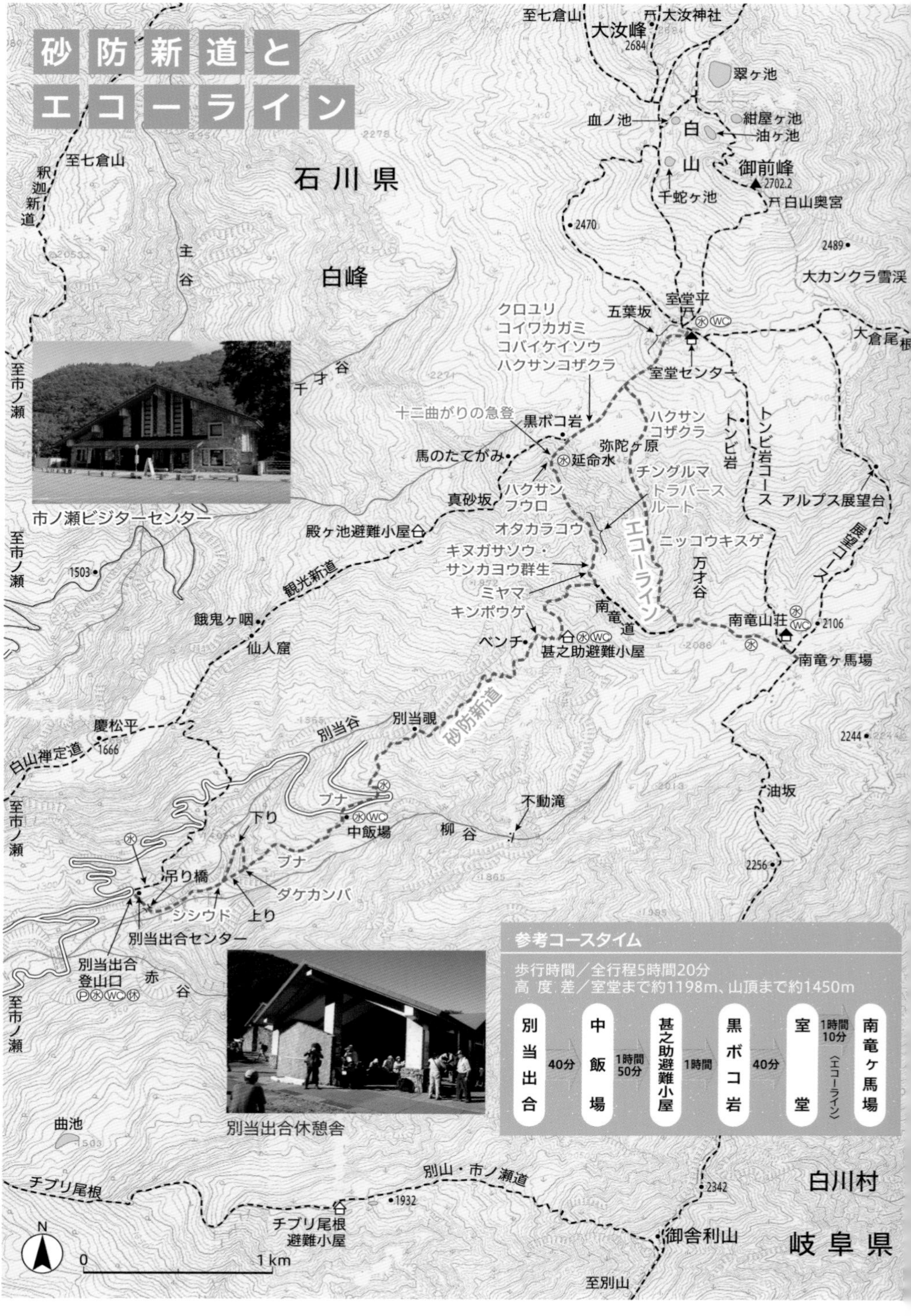

市ノ瀬ビジターセンター

別当出合休憩舎

参考コースタイム

歩行時間／全行程5時間20分
高 度 差／室堂まで約1198m、山頂まで約1450m

別当出合 →40分→ 中飯場 →1時間50分→ 甚之助避難小屋 →1時間→ 黒ボコ岩 →40分→ 室堂 →1時間10分〈エコーライン〉→ 南竜ヶ馬場

砂防新道の甚之助小屋から室堂にいたる山容

高度差はさほどでもありませんが、その間は急斜面になっていて、そこにジグザグとした道がつけられているところです。ここはいつでも多くの登山者でにぎわっています。

一口飲むと、寿命が一日延びると言われる「**延命水**《えんめいすい》」の前にさしかかったら、弥陀ヶ原の玄関口・**黒ボコ岩**まではほんのひと上りです。コバイケイソウやハクサンフウロ、コイワカガミが咲く広々とした弥陀ヶ原一帯。そこに続く木道の左手には、年によっては予想以上の雪渓が残っていることがあります。

ハイマツ帯をかき分けるように階段状に石

十二曲りに続く登山者の長い列

黒ボコ岩直下に延命水がある

弥陀ヶ原の広がりの向こうに御前峰が

黒ボコ岩に出たら室堂は間近

五葉坂を上る

祈祷殿の広場でくつろぐ登山者

室堂センターに到着

積みされた**五葉坂**《ごようざか》を登りきると、この日の宿泊場所である**室堂センター**に到着しました。喉の渇きはもう限界。さっそくセンターでビールを買ってきて、テーブルの一角に陣取ったら焼き肉でカンパイです。もちろん「うわーっ、匂いだけ嗅がせて」と別のグループが集団でやってきて相席になったり、持ち寄ったアルコールやツマミが飛び交ったり、意気投合した山好きたちによる宴会が繰り広げられます。この大交流は、夕食時間になるまで延々と続くのが常です。

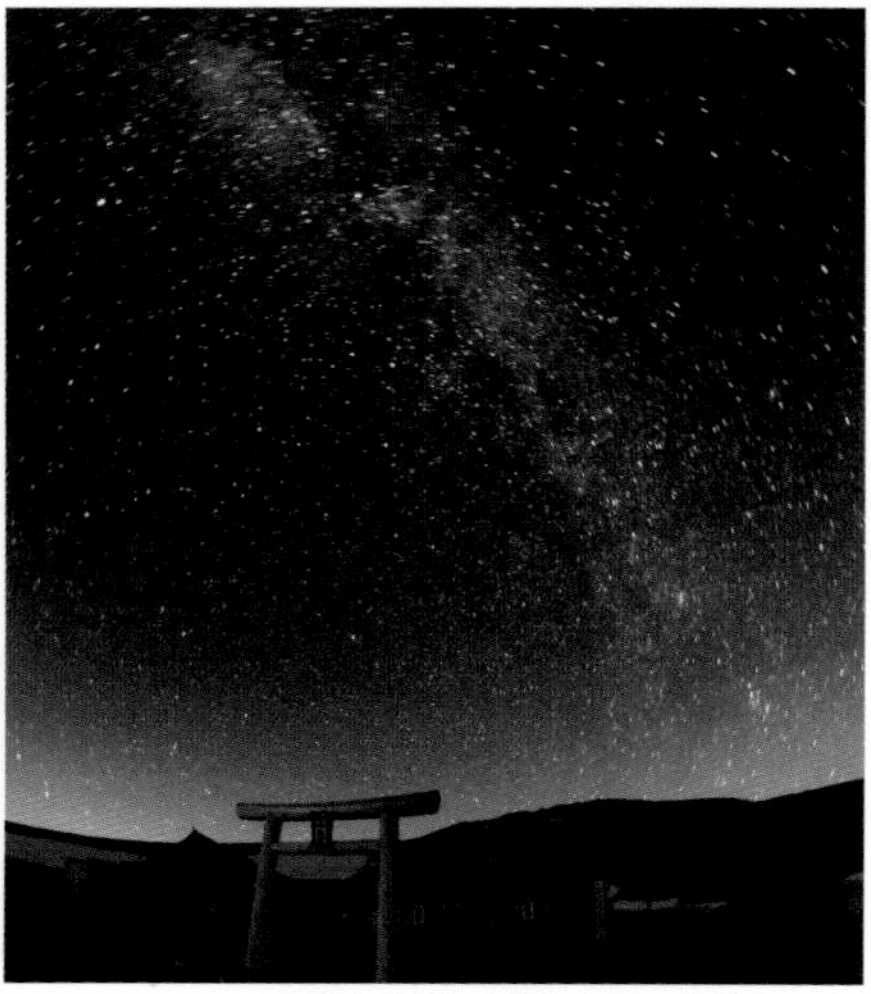
室堂から見上げる夜空には満天の星

お日の出に向かって万歳三唱

白山の最高峰・御前峰山頂

お祓いを受ける

【2日目】

＊室堂〜御前峰山頂

お日の出に向かって万歳三唱

午前4時、「お日の出」の合図の太鼓が容赦なく鳴り響きます。祈祷殿の神職の方が、ご来光が拝めるかどうか天候を見定めます。太鼓を打ち鳴らすのは、神職さんたちの長年の勘です。寝床を抜け出して外に出ると、ヘッドランプの列が真っ暗やみの山頂へと続いています。もちろん、ねむい目をこすりながら、列の後ろについて山頂へと向かいます。

山頂に到着すると、すでに大勢の人が待ち構えています。一番高い大岩の上に立って、白山の恵みを力強く説いているのは白山《しらやま》比咩《ひめ》神社の神職です。オレンジ色に染まる雲海に浮かんで見えるのは右から御嶽山、乗鞍岳、そして槍ヶ岳へと続く飛騨山脈の山々です。「それでは出たようでございます。万歳を三唱いたしましょう」との神職さんの音頭にあ

朝陽を浴びる室堂センター

お日の出を拝んだらお池巡りに出発

わせ、お日の出に向かって万歳をする登山者の目は、朝陽にキラキラと輝いていました。

＊**御前峰～千蛇ヶ池～室堂**

お池めぐりをしながら岩礫帯を下る

続いて**白山比咩神社奥宮**での朝の祈祷とお祓いが始まりました。杯が回され、集まった登山者に御神酒がふるまわれます。御神酒をいただいたら、お池めぐりに出発です。剣ヶ峰の基部で白い雪渓を残して青く広がる**紺《こん》屋《や》ヶ《が》池《いけ》**、その隣には**大汝峰《おおなんじがみね》**。岩礫帯をジグザグと下り、**油ヶ池**と紺屋ヶ池の間を抜けて**翠ヶ池**からぐるりと左へ回ると、雪渓でびっしり覆われた**千蛇《せんじゃ》ヶ《が》池《いけ》**に出ました。

お池めぐりはここからさらに大きく下って回りこむのですが、この日はラジオ体操に参加しようと近道を辿って室堂に隣接する**祈祷殿**へ。

続いて、センター内にある白山夏山診療所を訪ねます。白山観光協会から委託を受け、金沢大学医学部の学生さんが中心になり、山好きのOBたちが交代で駆けつけ協力している登山者のための診療所です。居合わせたOBの先生が、無理をしすぎてのバテ、脱水症状、それから類高山病（高山病に似た症状）が多いと説明してくれます。「寝不足、団体行動でペースを崩すこと、飲みすぎに気をつけて」と先生。

＊**室堂～エコーライン～砂防新道**

気分爽快なエコーラインの木道

朝食をすませたら、あとはのんびり下るだけです。人気の**エコーライン**の湿原に続く広い木道は、いつ歩いても気分爽快です。コバイケイソウ、イワイチョウ、シナノオトギリ、ハクサンコザクラ……。ミヤマリンドウも草むらに埋もれるように咲いています。チングルマが一面を被っているところで、シャッターを切ったら、南竜ヶ馬場を眼下に眺めながらの下り道になりました。

エコーラインから見る御嶽山

木道沿いに咲くチングルマ

エコーラインを包むニッコウキスゲの群落

山腹を彩るニッコウキスゲを振り返りながら南竜ヶ馬場からの道まで下り終えると、モミジカラマツやクロユリが咲く水平道を辿って、**砂防新道との合流点**へ。甚之助小屋まで下りたら、前日同様、人の波に迎えられました。夏の白山は、大勢のハイカーたちの心が癒される交流の山なのです。

登山メモ

《交通案内》
夏山、秋山シーズン中は、休日とその前日にJR金沢駅から北陸鉄道のバスが、JR松任駅から白山登山バスがあり、市ノ瀬－別当出合間はシャトルバスが運行する。
マイカー利用の場合、国道157号で白峰に向かい、白峰の交差点を左折して県道33号（白山公園線）で市ノ瀬へ。5月のゴールデンウィークは、除雪作業中のため市ノ瀬まで。7月中旬から10月中旬までの土・日曜、お盆は交通規制のため市ノ瀬から別当出合まではバス利用となる。（平日の交通規制も有り）

《アドバイス》
・前夜発の場合、別当出合の小屋の中での

南竜ヶ馬場周辺

・高山のため天候が変わりやすいので、上着、雨具などは忘れずに。
・危険な個所はないが、黒ボコ岩直下の十二曲がりの登りは急なので、ゆっくりと。水場は、中飯場、甚之助避難小屋、十二曲がり直下、黒ボコ岩直下の延命水、室堂、南竜ヶ馬場と豊富。トイレも中飯場と甚之助避難小屋、室堂、南竜ヶ馬場にある。
・有人小屋利用の場合は、事前予約が必要。室堂センター、南竜山荘では、アルコール、缶詰、ラーメンなども販売している。
・室堂センターの開設期間は5月1日から10月15日まで。南竜山荘は7月1日から10月中旬まで。テント設営は南竜ヶ馬場のみ(1人300円)。

《問い合わせ先》
白山市白峰市民サービスセンター
☎076(259)2011
北陸鉄道テレホンサービスセンター
☎076(237)5115
㈱マップ
☎076(240)7300
白山室堂(白山観光協会)
☎076(273)1001
白山南竜山荘(白山市地域振興公社)
☎076(272)1116

《地形図》
二万五千分の一/加賀市ノ瀬・白山
五万分の一/越前勝山・白山

砂防新道・エコーラインコースの地形や地質（東野外志男）

白山火山噴出物 ―火山を形づくる―

約3～4万年前に現在の山頂部から活動を開始したのが、**新白山火山**です。噴出物は山頂南部の室堂平や弥陀ヶ原、東方の大白川、南方の南竜ヶ馬場、南西の観光新道―白山禅定道の稜線などに分布し、比較的なだらかな地形になっています。

噴出物で主体をなすのが**溶岩**です。山頂部から南竜ヶ馬場へ流れた溶岩は、南竜ヶ馬場上方の斜面で、**溶岩堤防**の地形が発達しています。溶岩堤防は溶岩が流れ下る際、両端の部分が早く冷え固まる一方、まだ溶けたままの溶岩は中央部を流れ、外側部分が高まりとして残されたものです。トンビ岩コースのシンボル、**トンビ岩**は溶岩堤防の一部です。この溶岩は南竜ヶ馬場から先、南西方向に柳谷左岸の稜線まで分布しています。年代は3～4万年前で、山頂からの全長は約4・5キロメートルです。中飯場あたりで柳谷をはさんで対岸の稜線に、**柱状節理**の発達したこの溶岩の断面を観察することができます。その少し上流側にある**不動滝**は、この溶岩にかかっている滝です。山頂近くの室堂平の高まりも溶岩で、弥陀ヶ原から室堂へ向かう五葉坂の急な登りは、溶岩の先端部にあたります。

溶岩以外の白山火山の噴出物を、弥陀ヶ原でみることができます。弥陀ヶ原の入り口に**黒ボコ岩**があり、その近くにも似たような巨岩が散在します。これらは**火砕流**によって、運ばれてきたものです。火砕流は平成3年（1991）に雲仙普賢岳で発生し、多数の被害者を出したことで、広く知られるようになりました。大小様々なマグマの破片や岩塊が、火山ガスと共に一団となって斜面を流れ下る噴火現象です。高温で速さは時速数十キ

溶岩堤防　溶岩が山頂から手前に流れ、南竜山荘（赤い屋根）の左斜め上の斜面で、両側に溶岩堤防（高まった部分）が形成されている。南竜ヶ馬場～別山コースでよく観察できる

不動滝と柱状節理　稜線のほぼ上部に溶岩が分布する。左上の滝が不動滝で、右の方に柱状節理が観察できる。柱状節理は、溶岩の冷却する際の体積収縮によって、上下の冷却面にほぼ垂直方向に割れ目が形成されたもの

室道平の溶岩　山頂から流れてきた溶岩がいくつか見られ、室堂のある室堂平の高まりもそのうちの1つ。左上が御前峰(2702m)、右下の平らな面が弥陀ヶ原で、五葉坂は溶岩の先端部を登る登山道

大汝峰
御前峰
室堂平
弥陀ヶ原
黒ボコ岩
エコーライン
手取層群の礫岩
馬のたてがみ
南竜ヶ馬場
殿ヶ池
避難小屋
甚之助
避難小屋
万才谷
甚之助谷
不動滝
仙人窟
別当のぞき
別当大崩れ
別当谷砂防堰堤群
柱状節理
中飯場
柳谷
別当谷
観光新道
登山口
別当出合

ロメートル、時に100キロメートルを超えることもあり、大きな被害をもたらすことがあります。

弥陀ヶ原の深く掘り込まれた場所、特にエコーラインで、およそ1300年前以降に堆積した地層を観察することができ、地層中に白山火山が噴出した20近くの**火山灰層**が確認されています。白～黄褐色で、薄いものは1センチメートル以下で、厚いもので数十センチメートルのものもあります。白山の火山灰の他に、約7300年前に南九州の鬼海カルデラから飛んできた**鬼界アカホヤ火山灰**を観察することができます。他に、おおよそ9000年前に韓国の鬱陵島から飛んできた火山灰も確認されています。

黒ボコ岩　よく似た巨岩が、後方に散在している。かつては、登山道を挟んでもう一つ黒ボコ岩があったが、昭和36年(1961)8月19日の北美濃地震によって、崩れ落ちた

白山火山の火山灰(黄褐色)と鬼界アカホヤ火山灰　鬼界アカホヤ火山灰はシャープペンシルの窪んだ部分の奥にある。侵食されやすいため、へこんでいる。南竜火山灰は約2200年前に剣ヶ峰が形成され際に噴出したもの。黒い部分は泥炭

白山火山の土台 —手取層群—

白山火山は古い岩石からなる高地の上に形成された火山です。高地を形成する岩石の一つが、1億数千万年前の**手取層群**です。手取層群は泥岩や砂岩、礫岩からなる堆積層です。砂防新道では、別当出合の出発点からずっと手取層群の上を歩き、弥陀ヶ原に来て初めて白山火山の噴出物の上に立ちます。弥陀ヶ原にむかう急な十二曲がりの手前の登山道沿いには、丸い円礫を含んだ手取層群の**礫岩**があちこちに露出しています。円礫はほとんどが石英粒からなる固い岩石です。

手取層群の礫岩　白山市提供

火山体の侵食と砂防

比較的なだらかな地形の白山の火山体も、周辺部は地すべりや斜面崩壊などによって侵食され、急な崖になっているところもあります。別当谷右岸の稜線、弥陀ヶ原の先端の崖、万才谷—柳谷にほぼ囲まれた凹地は、**地すべり**などによってすべり落ちてできたものです。凹地にはすべり落ちたかたまり(**地すべりブロック**)が

いくつもあり、代表的な地すべりブロックが、甚之助谷ー柳谷と別当谷に挟まれた部分です。、砂防新道はこのブロックの上を通っています。地すべりブロックは現在でもわずかずつ動いており、早いものでは年間十数センチメートルに達するものもあります。柳谷左岸と別当谷右岸の稜線上の溶岩は、今も進行している侵食から取り残されている部分です。

別当大崩れ　昭和9年7月、梅雨末期の集中豪雨によって崩れた。稜線の上の部分に溶岩が分布し、その上を白山禅定道ー観光新道が通っている。溶岩の年代は柳谷左岸稜線上の溶岩と同じ約3～4万年前

別当谷の砂防堰堤群

地すべりのようなゆっくりした動きに加えて、時に短時間に斜面が崩壊し、甚大な被害をだすことがあります。昭和9年（1934）7月、梅雨末期の豪雨によって各所で崩壊が起き、それに伴って発生した**土石流**と雪解け水が、手取川流域で死者・行方不明者百十数名をだしました。**別当大崩れ**は、この時に崩壊してできたものです。最近では、平成16年（2004）5月17日に別当谷上流で発生した土石流によって、約2キロメートル下流の別当谷吊橋が流失しました。現在の別当出合の吊橋は、新たに作られたものです。

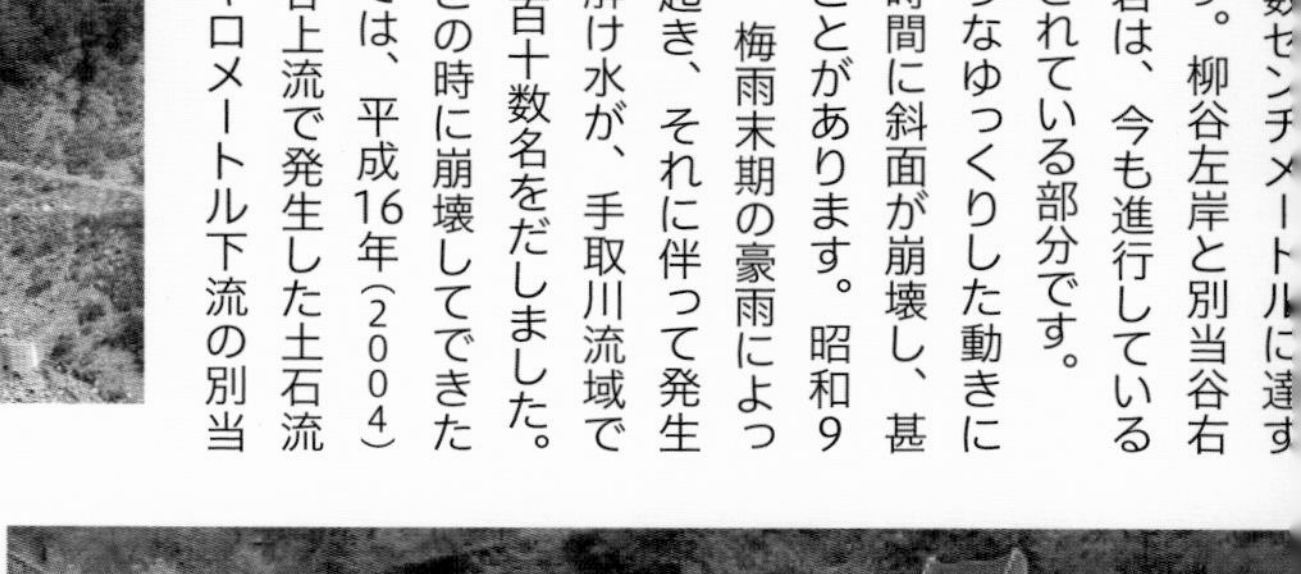

別当出合の吊橋　かつて利用されていた吊橋で（長さ約48メートル）、2004年5月17日に上流で発生した土石流によって流失

地すべり等による被害から流域住民を守るため、白山では大正時代から主要河川で**砂防工事**が行われてきました。甚之助谷と柳谷で初期の頃建設した14基の砂防堰堤は、平成24年（2012）に国の登録有形文化財に指定されています。

02 観光新道

別当出合 → 観光新道 → 黒ボコ岩 → 室堂

馬のたてがみ一帯に広がる、とびっきりのお花畑に見とれる

歩行時間	全行程5時間30分
標高差	室堂まで1198m

晴れ渡る観光新道

観光新道《かんこうしんどう》は、別当出合のすぐ先の左手山腹につけられた急坂を上って、別当坂で白山禅定道《ぜんじょうどう》(旧・越前禅定道)に合流して弥陀ヶ原へと向かう尾根伝いの道で、白山登山では砂防新道に次ぐ人気コースです。

見晴らしの良い尾根道で、真砂坂から馬のたてがみ一帯にかけてのお花畑に人気があり、少し頑張る人たちにとっては、砂防新道を上って観光新道を下るというのが一般的なようです。下りに使うわけは、砂防新道より上りで1時間くらい余計にかかる上、傾斜がいく分キツイからだと思います。しかし、元々は越前禅定道で、現在の白山禅定道の上の部分ですから、往時を想いおこしながら上りに使えば、達成感が多く味わえるコースでもあります。

＊ 別当出合～別当坂の分岐～別当坂の頭

整備された急坂を一歩一歩上る

別当出合の鳥居をくぐり、吊橋と反対側の

別当坂の分岐で一息いれる

別当坂の頭

薄暗いブナ林の中に続く坂道から歩き始めます。枝沢伝いに30分ほど上ると、ちょっとした広場になった**登山口**に出ます。かつて工事用林道が横切っていて、その脇に水場と休憩場所があったところで、腰を下ろす石がいくつか置かれています。本格的な上りを前に、ここで一息入れます。

草地につけられたゆるやかな坂を進むと、右手前方の柳谷にかかる**不動滝**が見えてきました。ゴロゴロした大石や丸太の階段が現れたら急坂の始まりです。とはいえ、かつての悪路と違って、よく整備されていて歩きやすく、一歩一歩上ればさほど危険ではありません。

樹林を抜け出し笹原を斜めに進むと、**別当坂の分岐**にさしかかりました。ここで市ノ瀬方面から続く白山禅定道（旧越前禅定道）が合流します。分岐は広くありませんが、上る人と下る人のどちらにとっても、ちょうど良い休憩地点になっていて、登山者は丸太の階段の途中や禅定道側に踏み込んで思い思いの場所で一息入れています。

＊別当坂の頭～仙人窟～殿ヶ池避難小屋

尾根道の見晴らしを満喫する

丸太の階段を目で追って行くと、青い空に突き上げる**別当坂の頭**にぶつかりました。尾根道に向けた最後の上りです。右手前方には御前峰へと続く大きな尾根が延びています。ピークを左手から回り込んで尾根に出ました。すぐに、巨岩が重なり合ってトンネル状になった**仙人窟**《せんにんいわや》にさしかかりました。大岩の下は大人2、3人が雨宿りできるほどの窪みになっています。ここを抜けて**餓鬼ヶ喉**《がきがのど》と呼ばれる岩伝いのヤセ尾根を辿ったところで小休止です。

この辺りで朝一番で下ってきた人たちとすれ違うようになります。別当崩れを眼下に、

観光新道から見る白山釈迦岳

殿ヶ池避難小屋を後に真砂坂を行く

仙人窟にさしかかる

道を譲ったり譲られたりしながら進みます。岩稜帯にピンクのシモツケソウが咲いています。草むらではキヌガサソウやヨツバヒヨドリも顔を出します。左側の湯ノ谷の大きな切れ込みを隔てて、**釈迦岳**《しゃかだけ》がデンと座っています。

見晴らしを楽しみながら進むと、**殿ヶ池**《とのがいけ》**の避難小屋**が見えてきました。イワカガミが咲く池の前のベンチや小屋のまわりで、多くの人が休憩しています。水場はありませんがトイレがあるので休憩です。小屋の周りのあちこちに、シシウドが白い小花を広げていました。

＊殿ヶ池避難小屋～黒ボコ岩～室堂

白山を代表するお花畑が次々と

小屋を後に、真砂坂から馬のたてがみへと向かいます。テガタチドリが咲いています。ハクサンフウロ、カライトソウ、ミヤマキンポウゲと、花のラッシュが始まると、馬のたてがみに向けた**真砂坂**《まさござか》の上りが始まりました。一帯は白山を代表するお花畑エリアの一つで、ニッコウキスゲの黄色をベースに、ミヤマシャジンやタカネナデシコ、クルマユリやヨツバシオガマといった花たちが競うように咲いています。

馬のたてがみの先で、道の真ん中に石が積まれた**蛇塚**《じゃづか》にぶつかりました。白山を開山した泰澄大師《たいちょうだいし》が、いくら諭しても悪さをやめない3000匹の蛇のうち特に凶悪な1000匹を切ってこの蛇塚に、別の1000匹を山頂部にある千蛇ヶ池《せんじゃがいけ》に、残る1000匹を、紅葉スポットで名高い福井県大野市の上小池

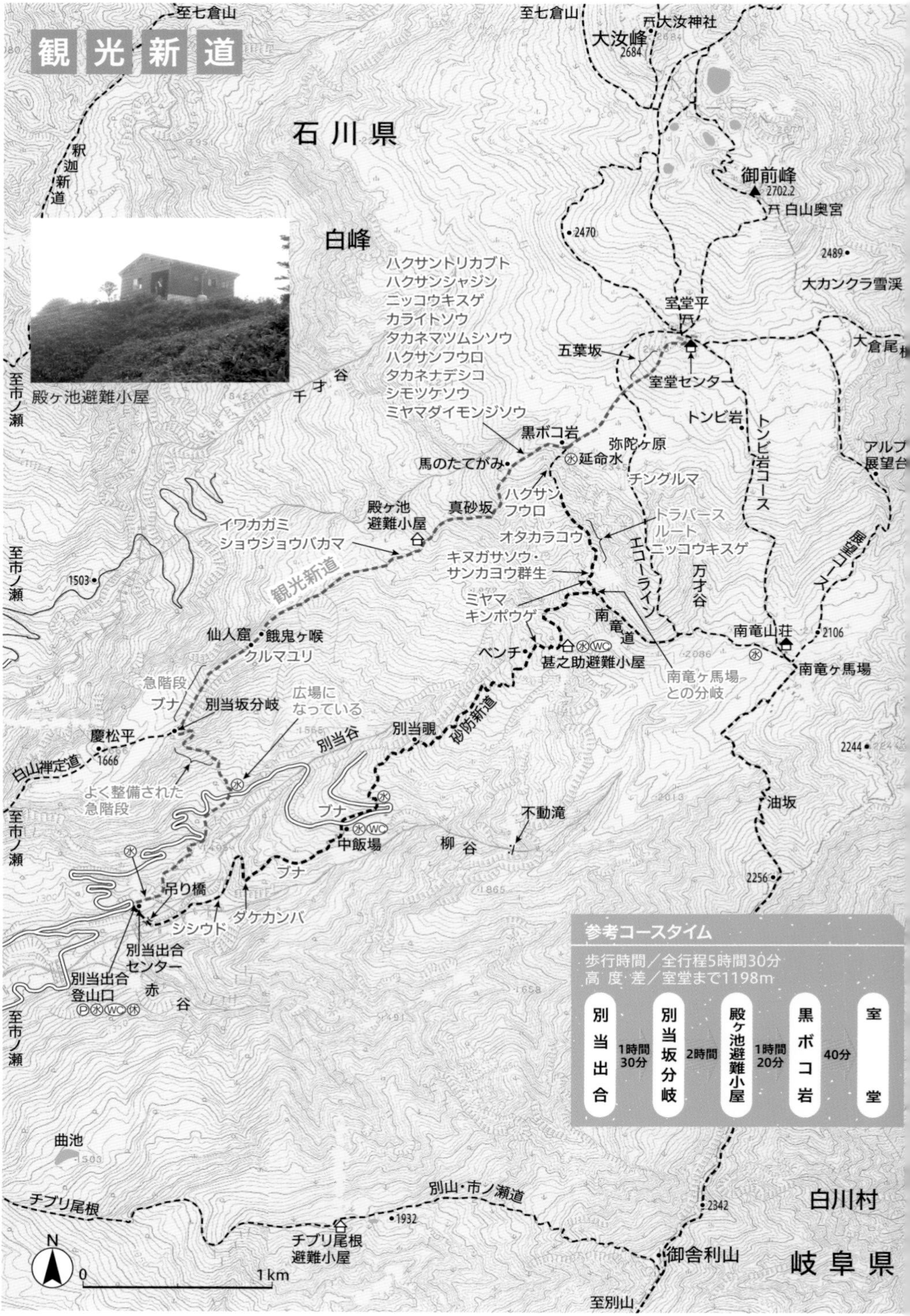

観光新道
至七倉山
至七倉山
大汝神社
大汝峰
2684
石川県
釈迦新道
御前峰
2702.2
白山奥宮
2470
2489
白峰
大カンクラ雪渓
ハクサントリカブト
ハクサンシャジン
ニッコウキスゲ
カライトソウ
タカネマツムシソウ
ハクサンフウロ
タカネナデシコ
シモツケソウ
ミヤマダイモンジソウ
室堂平
五葉坂
室堂センター
大倉尾根
殿ヶ池避難小屋
至市ノ瀬
千才谷
黒ボコ岩
トンビ岩
トンビ岩コース
弥陀ヶ原
延命水
アルプス展望台
馬のたてがみ
チングルマ
ハクサンフウロ
殿ヶ池避難小屋
真砂坂
トラバースルート
ニッコウキスゲ
イワカガミ
ショウジョウバカマ
オタカラコウ
エコーライン
展望コース
至市ノ瀬
1503
観光新道
キヌガサソウ・サンカヨウ群生
万才谷
ミヤマキンポウゲ
南竜道
仙人窟
餓鬼ヶ喉
クルマユリ
ベンチ
甚之助避難小屋
南竜山荘
2106
南竜ヶ馬場
南竜ヶ馬場との分岐
急階段
ブナ
別当坂分岐
広場になっている
慶松平
1666
別当谷
別当覗
砂防新道
2244
白山禅定道
よく整備された急階段
至市ノ瀬
ブナ
中飯場
不動滝
柳谷
油坂
吊り橋
ブナ
ダケカンバ
シシウド
2256
別当出合センター
別当出合登山口
赤谷
至市ノ瀬
参考コースタイム
歩行時間／全行程5時間30分
高度差／室堂まで1198m
別当出合 1時間30分 別当坂分岐 2時間 殿ヶ池避難小屋 1時間20分 黒ボコ岩 40分 室堂
曲池
別山・市ノ瀬道
チブリ尾根
1932
チブリ尾根避難小屋
2342
白川村
御舎利山
岐阜県
N
0
1km
至別山

蛇塚にさしかかる

黒ボコ岩まで登って一息入れる

馬のたてがみを行く

にある刈込池《かりこみいけ》に閉じ込めたという言い伝えがあるところです。

　蛇塚から弥陀ヶ原の入り口となる**黒ボコ岩**までは目と鼻の先です。黒ボコ岩は、砂防新道の十二曲りの坂道と観光新道が合流したところにある大きな岩で、周辺は室堂センターを間近にひと息ついている大勢の登山者でにぎわっていました。

　コバイケイソウやチングルマ、ミヤマダイコンソウなどの出迎えを受けて弥陀ヶ原に続く木道を辿り、**五葉坂**の石伝いにハイマツ帯の中を上ったら、**室堂センター**の赤い屋根が見えてきました。建物の裏手の広場に回ると、ビールでカンパイする登山者でにぎわっていました。

馬のたてがみのお花畑

観光新道から黒ボコ岩を経て室堂へ

登山メモ

《交通案内》

国道157号を白峰に向かい、ここから県道33号で市ノ瀬を経由して別当出合へ。ただし、7月中旬から10月中旬までの土・日曜日は交通規制のため市ノ瀬よりバス利用となる。事前に問い合わせを。

《アドバイス》

・別当坂は急なので、登り下りはゆっくりと。
・仙人窟のそばにある岩盤の乗っ越しは、滑らないように注意して。
・馬のたてがみから弥陀ヶ原一帯は、天候によってガスが発生するので注意。
・水場は、室堂、十二曲がり直下、黒ボコ岩直下の延命水、観光新道登山口のみ。

《問い合わせ先》

白山市白峰市民サービスセンター
☎076(259)2011
白山観光協会
☎076(273)1001
北陸鉄道テレホンサービスセンター
☎076(237)5115
㈱マップ
☎076(249)7300

《地形図》

二万五千分の一/加賀市ノ瀬・白山
五万分の一/越前勝山・白山

歩行時間	41ページを参照
標高差	250m

晴れ渡る観光新道

山頂部の範囲は、最高峰の御前峰《ごぜんがみね》でお日の出を拝んでからお池巡りをするコースに、大汝峰から北竜ヶ馬場、室堂平のトンビ岩コース分岐、そしてアルプス展望台への展望コース分岐あたりまでとし、お花松原は割愛しました。

雲海の向こうから日がのぼりはじめる

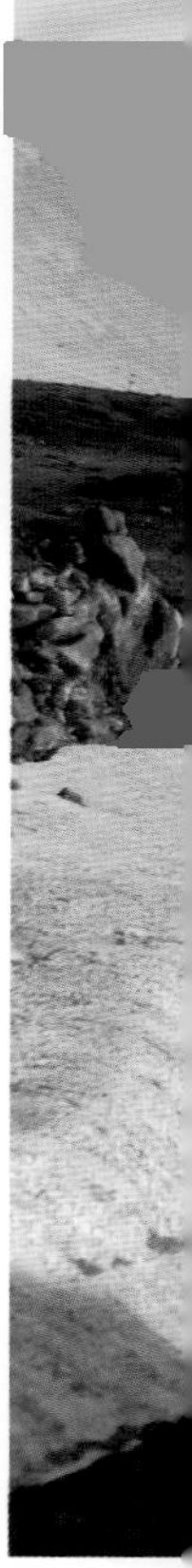

お日の出の瞬間

大汝峰の手前に紺屋ヶ池と油ヶ池

お日の出を拝み大汝峰に足を伸ばす

＊室堂～御前峰山頂～大汝峰～室堂

お日の出・ご来光

白山を訪れる登山者の多くは、御前峰の山頂からご来光（お日の出）を拝みたいと願ってやってきます。夏山シーズン中に室堂センターで泊まった登山者は、ご来光が拝める好天の場合、午前4時に祈祷殿で太鼓が打ち鳴らされます。その太鼓の音を合図に、「よしっ」とヘッドランプの明かりをたよりに列をなして山頂へと向かいます。

お池めぐり・大汝峰～北竜ヶ馬場

お日の出を拝み、奥殿でお祓いを受け御神酒をいただいたら、まず**紺屋ヶ池**に向けて下ります。**翠ヶ池**を右手に見ながら**大汝峰**の基部から山頂に向けてひと上りすると、白山三所大権現のひとつ**大汝神社**の祠がまつられている広い山頂に出ます。この山頂には、地権者である白山比咩神社の理解を得て白山会が設置し、大汝小屋管理会（白山会、金沢山岳会、日本山岳会の有志）の方々のご苦労で維持されている、「悪天候などで室堂にたどり着けない場合にのみ利用してもらう」避難小屋もあります。

多くの登山者は、翠ヶ池の畔を歩いて、ぐるりと左旋回しながら**千蛇ヶ池**経由で、または**五色池**、**百姓池**を経由して室堂センターへと戻ります。

朝食をとったら室堂平を平瀬道まで

＊室堂～アルプス展望台～平瀬道

室堂平

センターで朝食をとったら、**アルプス展望台**との分岐あたりまで、さらにはもう少し**平《ひら》瀬道《せどう》**分岐あたりに足を踏み入れるなど、室堂平の東に広がる**お花畑**の中を歩くのは何より

七倉の辻から四塚山へと広がる北竜ヶ馬場

加賀室跡の御手洗鉢

室堂平は一面お花畑

の楽しみです。**トンビ岩**を横目に御前峰を仰ぎながら進み、右手に視線を変えると、ハクサンコザクラの大群落の向こうに別山へと続く見事な尾根が朝陽を浴びて輝いています。

＊大汝峰～加賀室跡～七倉ノ辻

地獄谷の威容と花々の楽園

北竜ヶ馬場方面

大汝峰からそのまま、少々時間はかかりますが北竜ヶ馬場《きたりゅうがばんば》方面に足をのばすのも、ぜいたくなひとときです。山頂から大きく下ると、右手下方の**中ノ**《なかの》**川**《ごう》**・地獄谷**の切れ込みと、そこから突き上げる赤茶けた地肌をむき出しにした**火**《ひ》**の御子峰**《みこみね》の威容が視界を占拠します。

さらに下ると、前方に**加賀室跡**《かがむろあと》の広がりと**御手水鉢**《おちょうずばち》が見えてきます。加賀室跡からは、左手に釈迦新道の尾根が延びているのが見えます。そこから**七倉ノ辻**、**北竜ヶ馬場**に続く山腹一帯は花々の楽園になって、目だけでなく心までも楽しませてくれます。

登山メモ

《交通案内》
お好みのコースの交通案内を参照。
《アドバイス》
・大汝峰への登りは、左右2コースあるが、多くの登山者が登る左のコースをたどるとよい。ガスが出たときは注意。
《問い合わせ先》
白山市白峰市民サービスセンター
☎076(259)2011
《地形図》
二万五千分の一／白山
五万分の一／白山

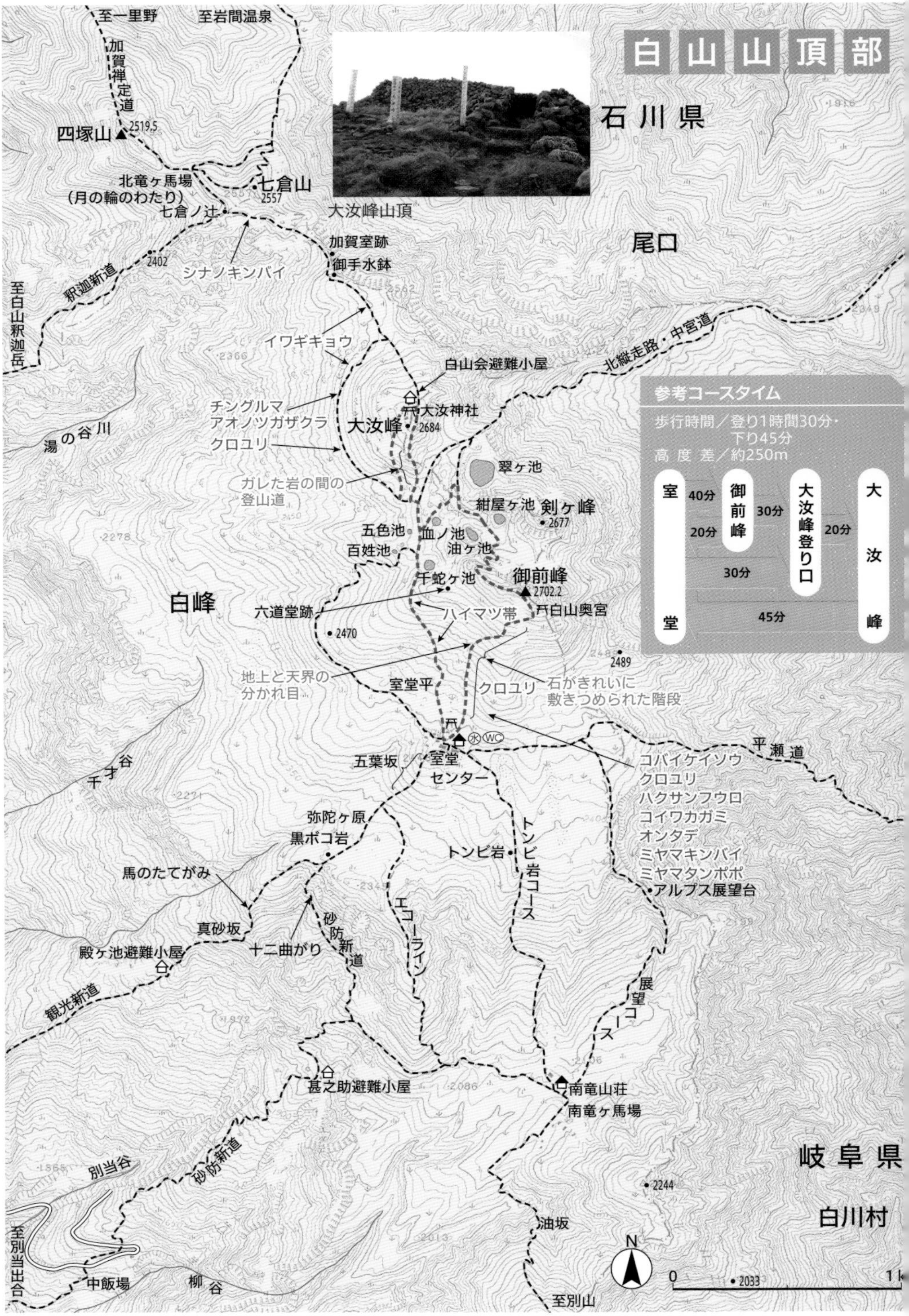

白山山頂部
石川県
岐阜県
白川村
至一里野
至岩間温泉
加賀禅定道
四塚山
2519.5
北竜ヶ馬場
（月の輪のわたり）
七倉山
2557
七倉ノ辻
シナノキンバイ
2402
釈迦新道
至白山釈迦岳
加賀室跡
御手水鉢
2562
尾口
イワギキョウ
2366
白山会避難小屋
北縦走路・中宮道
2349
1916
チングルマ
アオノツガザクラ
大汝神社
大汝峰
2684
湯の谷川
クロユリ
ガレた岩の間の
登山道
翠ヶ池
紺屋ヶ池
剣ヶ峰
2677
2450
五色池
血ノ池
油ヶ池
百姓池
2278
千蛇ヶ池
御前峰
2702.2
白峰
六道堂跡
ハイマツ帯
白山奥宮
2470
2489
地上と天界の
分かれ目
室堂平
クロユリ
石がきれいに
敷きつめられた階段
水
WC
室堂
センター
五葉坂
平瀬道
コバイケイソウ
クロユリ
ハクサンフウロ
コイワカガミ
オンタデ
ミヤマキンバイ
ミヤマタンポポ
アルプス展望台
千才谷
2221
弥陀ヶ原
黒ボコ岩
トンビ岩
トンビ岩コース
馬のたてがみ
2349
エコーライン
砂防新道
真砂坂
十二曲がり
2199
殿ヶ池避難小屋
観光新道
展望コース
1972
甚之助避難小屋
2086
南竜山荘
南竜ヶ馬場
別当谷
1565
砂防新道
2244
至別当出合
2013
油坂
中飯場
柳谷
至別山
2033
N
0
1
参考コースタイム
歩行時間／登り1時間30分・下り45分
高度差／約250m
室堂
40分
20分
御前峰
30分
大汝峰登り口
20分
大汝峰
30分
45分

大汝峰山頂

山頂部の火口群と剣ヶ峰（東野外志男）

剣ヶ峰の形成

御前峰に立つとすぐ前に剣ヶ峰がみえます。**溶岩円頂丘**です。約２２００年前に東方の大白川へ溶岩が何度も流れた後、粘性の大きいマグマが出てきて形成しました。白水滝は大白川に流れた溶岩にかかっています。剣ヶ峰での活動は溶岩のほか、火山灰や火山礫なども多量に放出し、山頂周辺にその噴出物が広く確認されています。南竜火山灰とよばれている火山灰層です。

小火口群と長久3年の異変

剣ヶ峰での活動後は、活動の中心はやや北へ移り、多数の小火口を形成しました。歴史時代の活動も、おおむねこのあたりを中心に起きていたと考えられます。火口の多くは水をたたえている火口湖で、**千蛇ヶ池火口**は多年性雪渓におおわれています。

『白山之記』には、長久3年（１０４２）に一人の僧が加賀室（大汝峰と千蛇ヶ池の間にあったと考えられている）に住んでいた時の体験が記されています。「長久三年のある夜半頃、白山権現の御在所の後に二人の童子がいて、土石を投げて室やお堂を埋めた。土石を掘った跡が2か所あり、一つは水が澄んで、今は翠池と名付けられている。」というものです。童子が噴煙を表し、噴石が室などを埋めたと理解できます。夜中の出来事でしたが、赤熱物質を見たとか、室が燃えたというようなマグマ物質の放出を示す記述がないことから、**水蒸気爆発**と考えられてます。**翠ヶ池**は現在最も大きな火口ですが、長久3年後も噴火が起き、その姿は誕生当時とかなり変わってきたと推測されます。

大昔の火口周辺の地温

明治の前の時代には、火口を不孝因地獄（翠ヶ池）、油屋地獄（油ヶ池）、紺屋地獄（紺屋ヶ池）などとよび、このあたりを**地獄谷**ともいいました。文化10年（１８１３）に書かれた『白山紀行』には、「地獄谷とて色々おかしな名をつけた地が多い。又岩穴もある。上古にこの辺所々火気があって、わらじを重ねはかないと足を損ずることがあったということでしたが、今はその事はない」と記されています。上古がいつ

千蛇ヶ池火口と御宝庫　泰澄大師が悪事を働いた千匹の蛇を千蛇ヶ池に封じ込め、万年雪で蓋をし、もし万年雪が消えた時には、池の上の御宝庫が崩れ落ちて池に蓋をするという、伝説が残されている

長久３年の異変を描いた玉井敬泉の絵画
白山市提供

翠ヶ池西方斜面の火砕流堆積物　後方の左の峰が剣ヶ峰（2677m）、右尾根の後方の峰が御前峰（2702m）。下の写真は火砕流堆積物の1つ

の頃かわかりませんが　かつて火口周辺で地温が高かったことを示すものかもしれません。

歴史時代の火砕流堆積物

翠ヶ池の西方斜面に、多数の巨岩が分布しています。これらは黒ボコ岩と同じように、火砕流によって運ばれたものです。土壌や植生に乏しいことから歴史時代に噴出したと考えられています。北縦走路・中宮道のヒルバオ雪渓あたりにも、よく似た巨岩が多数分布し、これらも同じ頃に噴出した火砕流堆積物です。

04

白山禅定道下部（旧越前禅定道）

市ノ瀬 → 六万山 → 指尾 → 別当坂分岐

うっそうとした巨木や巨岩、奇岩が待ち受けるかつての主要道

歩行時間	全行程3時間40分
標高差	別当坂分岐まで710m

チブリ尾根から見た白山禅定道の尾根と釈迦岳

福井県勝山市の平泉寺《へいせんじ》白山神社を起点とする越前禅定道が白山禅定道と呼ばれるようになったのは平成11年のことです。廃道状態だった越前禅定道の小原《おはら》峠から別当坂までのこの区間を石川県が復活整備するに当たって、整備事業名として「白山禅定道（旧越前禅定道）」という名称が用いられることになりました。そんな古道の市ノ瀬・別当坂区間を歩いてみました。

※なお、平泉寺白山神社からの道は、伏拝《ふしおがみ》から小原峠の区間が一般的でないため、小原峠から三ッ谷《みったん》までの小原峠道の区間として、杉峠道～赤兎山～三ッ谷のコースで紹介しました（82ページ参照）。

＊市ノ瀬～梯子坂～六万山

杉やトチノキ、ブナの巨木の中を進む

市ノ瀬ビジターセンターをあとに**六万橋《ろくまんばし》**を渡ります。古くはそこから六万山（六万部山）に直登したそうですが、現在のスタート地点

白山禅定道市ノ瀬〜別当坂間のスタート地点

市ノ瀬をあとにまず六万山をめざす

いきなりうっそうとした道

は、明治以降使われるようになった別当出合へと向かう車道を10分ほど辿ったところにある「**白山禅定道**（旧越前禅定道）」と書かれた案内標識のところです。そこから杉木立の中に続く薄暗い道を歩き出します。すぐに巨岩の前にさしかかりました。右手山腹一帯は、トチノキやサワグルミ、ブナの巨木に包まれ、林床を覆うシダや下草も手伝って、うっそうとした様相です。

倒木を乗り越して上ると、釈迦岳の登山口方面へと続く砂防工事用の林道に出ました。ここから先は**梯子坂**《はしござか》と呼ばれる急な上り道です。石積みの階段伝いに樹海の中を進みます。樹齢200年前後かと思われるブナの巨木があちこちに残っています。

30分ほど上ると、天然杉の古木が残るなだらかな尾根に出ました。その脇から広い道をゆるやかに下って上り返すと、すぐに**六万山**《ろくまんやま》にさしかかりました。あたりはちょっとした広場になっていて、そばに黒い苔をつけたブ

樹林の中の六万山

梯子坂の始まり

禅定道の雰囲気が漂い残る

巨岩があちこちに

ナの古木が3本、寄り添うように伸びていました。

＊六万山〜指尾〜ヤセ尾根〜剃刀窟

かつての禅定道に思いをはせながら

　しばらくは歩きやすい道となります。ゆるやかに上ったところに、ヒノキが一塊になって伸びていて、尾根が幾分広くなっています。かつて相撲ヶ馬場とも呼ばれた一の宮檜ヶ宿《ひのきがしゅく》があったところでしょうか。

　やがて、大きな岩がゴツゴツと重なり合ったところにさしかかりました。一番大きい岩の下が空洞になっていて、雨露がしのげるほどの奥行きがあります。巨岩帯を過ぎるとブナの小木の中に続くゆるやかな道になり、測量用の三角点が置かれているところにさしかかります。

　指尾《さしお》はそのすぐ先、御前峰まで上

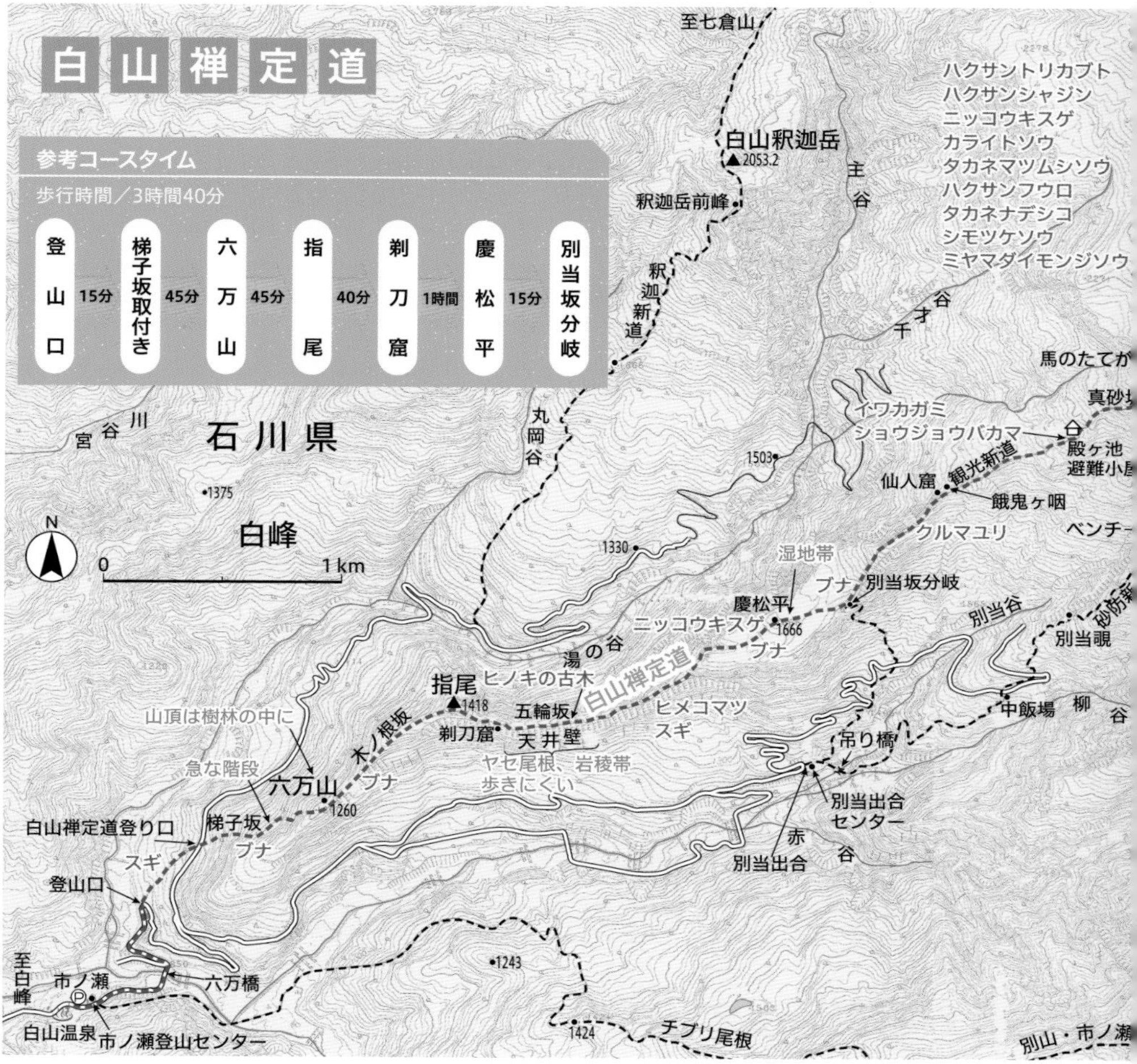

がれない人たちの遥拝（伏拝《ふしおがみ》）場所となっていたところです。標識のそばに、上下半分に割れた板碑のような石が置かれています。これも廃仏《はいぶつ》毀釈《きしゃく》運動の名残なのでしょうか。

指尾からゆるやかに下ると、やがて**天井壁**と呼ばれる巨岩混じりのヤセ尾根の上りが始まりました。岩を乗り越し、はるか下方の別当谷までスパッと切れ落ちた見晴らしの良い尾根に出ました。谷を隔てて、御舎《おしゃ》利山《りやま》へと突き上げるチブリ尾根が、雲の中に延びています。

杉の古木群を乗り越すように進むと、**剃刀窟**《かみそりいわや》の前にさしかかりました。白山を開山したと言われる泰澄が山頂に向かう途中、ここで剃髪《ていはつ》したと伝わるところです。巨岩が覆いかぶさるようになっている岩の下に人が1、2人もぐれそうな隙間が

白山禅定道 六万山から上部

杉の巨木

指尾に出る

突き上げるヤセ尾根

あって、割れた仏像や五輪塔《ごりんとう》の台座のような丸い石が散乱しています。

「内に仏像多し」と江戸時代後期に書かれた「白山紀行」にあります。これを書いたのは、大聖寺藩士・小原益という人物で、「かかる名山の幸《さいわい》に此国《この》に在《あり》ながら、生涯のぼらでやまむも本意なきことに思ひ…」と7月下旬に友人と登ったようです。

＊剃刀窟～五輪坂～慶松平～別当坂分岐

ヤセ尾根や急坂を注意深く進む

剃刀窟を右手から巻くように上り、**五輪坂《ごりんざか》**と名付けられたヤセ尾根から木道を辿ると、その先に階段が現れました。そこを上ると、岩がゴツゴツした切り立った尾根に出ました。岩に寄り添うようにピンクのミネズオウや黄色いシナノオトギリが咲いています。

鉄製の頑丈な階段が取り付けられた五輪坂の中ほどにさしかかると、ヒメコマツが現れ、前方にピークが近づいてきます。そして、

山岳信仰と禅定道

白山には、加賀禅定道、越前禅定道、美濃禅定道という、かつての信仰登山のコースが残っています。

石川県白山市の白山比咩《しらやまひめ》神社を起点とした加賀禅定道は、白山一里野から新岩間温泉に向かう途中のハライ谷に現在の登山口があって、檜新宮《ひのしんぐう》、しかり場分岐から長倉山、四塚山を経て大汝峰《おおなんじがみね》から御前峰《ごぜんがみね》へ。

越前禅定道（現・白山禅定道）は福井県勝山市の平泉寺白山神社から法恩寺山、伏拝《ふしおがみ》を経て小原峠道から川上御前、三ツ谷《みったん》、市ノ瀬。さらに六万山、指尾《さしお》、そして別当坂で現在の観光新道に合流して弥陀ヶ原から室堂へ。

岐阜県郡上市の長瀧《ながたき》白山神社を起点とした美濃禅定道は、石徹白の「いとしろ大杉」から銚子ヶ峰、三ノ峰、別山、南竜ヶ馬場を経て室堂へと、一部区間を除き、どのコースもほぼ整備された道となって続いています。

白山を開山したのは「越《こし》の大徳《だいとこ》」とも呼ばれた泰澄《たいちょう》という福井出身の山岳修行僧で、養老元年（717）に、コースは越前（福井）からと伝えられています。

高い山や険しい山に入って修行することで、悟りをひらいた仏や悟りをめざす菩薩《ぼさつ》と一体になる、あるいは宇宙と一体になって永遠の生命を手に入れることができる、という考えが仏教を介して大陸から伝わってくると、それまでの土着信仰と一体となった高い山への崇拝は、その高嶺に登った人に対する崇拝となって人々の心をとらえるようになりました。

禅定は心静かに悟りをひらく修行のこと、禅頂は山頂のことで神や仏の住む世界。その聖なる世界で修行することを目指して禅頂へといたる道が禅定道と呼ばれて現在も残されているのです。

加賀禅定道の起点である白山比咩神社

旧越前禅定道の起点である平泉寺白山神社

美濃禅定道の起点である長瀧白山神社

無残に打ち砕かれた仏像が散乱する剃刀窟

ヒノキに沿って鉄製の階段が

木道が続く

ヒノキの古木群の中に現れる丸太の階段を上ると、最後のピークに出ました。

　そこから道は平坦になりました。ゴゼンタチバナがあちこちで白い花を咲かせています。ブナの樹海が広がる手前の平らなササ原が見えてくると**慶松平**《けいまつだいら》です。福井の豪商・慶松屋五右衛門ゆかりの室跡《むろあと》です。先の紀行文には「平かに行くところあり。これを大平という」とあります。

　ササをかき分けるようにしながら木道を進みます。ニッコウキスゲが1輪、寂しそうに咲いていました。

　そこからブナ林の中へと入り、東へひと歩きすると、ほどなく**別当坂の分岐**に出ました。ここが観光新道との合流地点になります。

　分岐で休憩していると、数組のグループが別当坂の頭から下ってきまし

慶松平の湿地帯を行く

右手は深い谷に切れ落ちて

別当坂分岐。ここからは観光新道とも呼ばれる

た。元気な人たち、ヨレヨレの人たちと、白山登山をそれぞれに体感しながら**別当出合**へと下って行きました。

登山メモ

《交通案内》

マイカー利用の場合、国道157号で白峰に向かい、白峰の交差点を左折して市ノ瀬へ。市ノ瀬から歩いて六万橋を渡り、別当出合への道を少し進むと、登山口はそのすぐ先の左手（案内板あり）。

《アドバイス》

・梯子坂には急な階段があり、六万山への登りも急なので、ペース配分に注意。
・六万山から指尾への上りは比較的おだやかだが、指尾を過ぎると、慶松平まで岩混じりとなり、至るところにハシゴや木道がつけられているので注意。
・水場はない。

《問い合わせ先》

白山市白峰市民サービスセンター
☎076（259）2011

《地形図》

二万五千分の一／加賀市ノ瀬・白山
五万分の一／越前勝山・白山

05 釈迦新道

見事なブナ林を抜け
七倉ノ辻に向けて
花街道を行く

市ノ瀬 ⬇ 釈迦新道 ⬇ 七倉ノ辻 ⬇ 室堂

歩行時間	全行程11時間30分
標高差	七倉の辻まで1727m

釈迦岳前峰山頂からの眺望

＊市ノ瀬～林道～釈迦新道登山口～ブナ林

湯の谷沿いの林道を歩き、登山口に

市ノ瀬ビジターセンターを後に白山禅定道を辿ると**砂防工事用の林道**に出ます。そこから梯子坂に取り付くと禅定道ですが、釈迦岳の登り口は、この林道を左へ湯の谷に沿って2時間ほど歩いた先にあります。

白峰《しらみね》神社の前を過ぎて大きくカーブし、落石防止用のトンネルを抜けます。川を渡ったところに、砂防工事で亡くなった方々の**慰霊碑**が奉られています。**登山口**はそこから間もなくのところです。

ベンチでひと息入れて山腹につけられた道に取り付きます。**石積みの階段**を上り、よく踏まれた広い道を快適に進むと、はやくも**ブナの原生林**に包まれ、間もなく広場になった水場にさしかかりました。沢床に下りると、祠のような穴の奥にパイプが設けられていて、そこから冷たい水が落ちています。周囲

釈迦新道登山口

白山禅定道からスタート

ブナの巨木の傍らを通る

のブナ林は天を突いて、真っ青な空に吸い込まれていました。

＊ブナ林～尾根道～釈迦岳前峰

チシマザサの坂道を前峰へ

山腹を回り込むように上ります。どうやら、湯の谷を隔てて見える六万山の頂あたりまで高度を稼いだようです。その向こうには、チブリ尾根の避難小屋から御舎利山《おしゃりやま》、そして別山がくっきりと見えます。

樹林はダケカンバ帯になり、チシマザサの**尾根道**になりました。坂はさほど急ではありません。とても見事な尾根です。丸岡谷の源頭部一帯から1690メートルピークにかけて、一面ニッコウキスゲで黄色く染まっていました。

ひと上りすると、右手が主谷に切れ落ちたところにさしかかりました。その谷を這うように、砂防工事用の林道が延びています。林道の先に立ちはだかる観光新道の尾根から前

ダケカンバ帯にさしかかる

オオシラビソの坂を前峰へ

前峰で一息いれる

方に視線を移すと、谷をツメたところに釈迦岳がデンと構えています。オオシラビソの尾根になると、間もなく**釈迦岳前峰**《しゃかだけまえみね》に出ました。

ここからの眺めは素晴らしく、好天なら西に取立山、大長山、赤兎山、その奥には経ヶ岳、荒島岳、能郷白山と福井を代表する山々が連なって見えます。そして南から三ノ峰、別山、御前峰、大汝峰、四塚山《よつづかやま》と続き、そこに観光新道の尾根が突き上げているのですが、この日はあいにく一面ガスに包まれていました。

＊釈迦岳前峰～釈迦岳分岐～七倉ノ辻

咲き誇る花たちが道々を染め

前峰を後に、いったん小さく下って上り返すと**釈迦岳山頂への分岐**です。ただ、途中から下草が刈り払われていない上、山頂一帯も樹林に覆われたまま。途中まで歩いて、いつものように引き返し、その先の**池塘**《ちとう》沿いに山

釈迦新道

参考コースタイム

歩行時間／全行程11時間30分　高度差／七倉ノ辻まで約1727m

市ノ瀬 →2時間→ 登山口 →1時間30分→ 水場・広場 →2時間30分→ 釈迦岳前峰 →20分→ 白山釈迦岳 →30分→ 水場 →2時間30分→ 七倉ノ辻 →1時間30分→ 千蛇ヶ池 →40分→ 室堂

最初の水場

釈迦岳の基部にある池塘

釈迦岳山頂への分岐

山腹を染めるカライトソウ

頂の基部を回り込んだら、釈迦岳を背に七倉《ななくら》山《やま》へと続く長い尾根に向かいました。そのあたりから、白山のコース中でも1、2を競うお花畑が始まりました。

シモツケソウ、カライトソウ、タテヤマウツボグサ、ハクサンコザクラ、ヤマハハコ…。白山ではすっかり顔見知りの花たちが、道々を埋めて咲き誇っています。

マルバダケブキが斜面を黄色く染めて、雪渓が残る主谷の沢筋へと続いています。30分ほどゆるやかに下ると、**水場**にさしかかりました。左手にちょっと入った草むらの枝沢にパイプが取り付けられていて、透きとおった水がしたたり落ちていました。

そこから七倉山へのダイナミックで長い上りが始まりました。薄紫のタカネマツムシソウとハクサンシャジンが一面に咲いています。急坂を上り切って、傾斜が緩やかになると、広い谷筋一帯にハクサンフウロとオタカラコウが大群落を作っていました。

七倉山へダイナミックな尾根が続く

シシウドの中を七倉の辻へ

タカネマツムシソウの坂道

灌木の陰でバイケイソウが白い小花をつけています。その下をくぐるように進むと、前方から真っ青な空と、均整のとれた四塚山、七倉山が迫ってきました。ハイマツ伝いの道を、ベニバナイチゴを見つけながら歩いていたら、ミヤマリンドウが咲く**七倉ノ辻**に出ました。

＊七倉ノ辻～加賀室跡～室堂

地獄谷・火ノ御子峰を眼下に

ここで四塚山へと続く北竜ヶ馬場の広がりを眺めながらひと息入れ、ミヤマダイコンソウやハクサンフウロが咲き乱れる斜面伝いに、**加賀室跡**（後の営林署跡）が残る鞍部へと下ります。

そのすぐそばの大きな岩の窪みに水が溜まっています。禅頂（山頂）にさしかかる前にお浄めをする**御手水鉢**《おちょうずばち》と呼ばれる岩です。

ハイマツの中を大きく上り返すと、中ノ川《なかのごう》の源流部の**地獄谷**と赤茶けた**火ノ御子峰**《ひのみこみね》が真

加賀室跡から釈迦岳を望む

加賀室跡への下りも、一面お花畑

七倉ノ辻

下に見えるところにさしかかりました。

さらに大きく上って、大汝峰の基部を右手からぐるりと回り込んだら、目の前に剣ヶ峰と御前峰が仲良く肩を並べていました。**千蛇ヶ池**に近づく手前では、イワギキョウやチングルマ、イワツメクサやコイワカガミの出迎えを受けました。**室堂**はもう目と鼻の先です。

登山メモ

《交通案内》

シーズン中は、休日とその前日にJR金沢駅から北陸鉄道のバスが、JR松任駅からは㈱マップのバスが出ている。

マイカーの場合は、国道157号を白峰に向かい、白峰の交差点を左折して白山公園線（県道33号）で市ノ瀬へ。

《アドバイス》

※現在、湯の谷林道の湯の谷橋付近で土砂崩れ箇所があり、通行不能となっています。

・前泊の場合、市ノ瀬野営場でのテント

地獄谷の火ノ御子峰が眼下に

御手水鉢は加賀室跡のすぐ先

加賀室跡。後に営林署が作られた

白山温泉永井旅館泊なども可能。

・室堂まで有人小屋がないので、早発ちをした方がよい。

・白山釈迦岳山頂へは、前峰から下って小さな沼をやりすごしたらすぐに上右手に開けた窪地があるところを右へ入る。下草は刈られていない。山頂からの眺望は悪い。

・水場は涸れていることがあるので、あてにしない方がよい。

・七倉ノ辻から大汝峰にかけての一帯は広がりが大きく、どこを見ても道に見えるので、ガスが発生した時などは要注意。

《問い合わせ先》

白山市白峰市民サービスセンター
☎076(259)2011
北陸鉄道テレホンサービスセンター
☎076(237)5115
㈱マップ
☎076(249)7300
白山温泉永井旅館
☎076(259)2339
白山室堂(白山観光協会)
☎076(273)1001
白山観光協会
☎076(273)1001

《地形図》

二万五千分の一／加賀市ノ瀬・白山・新岩間温泉
五万分の一／越前勝山・白山

06

平瀬道とトンビ岩・展望コース

大白川→室堂平→南竜山荘→大白川

白水湖を望む岐阜県側ルート御前峰が正面に迫る

歩行時間	全行程11時間10分
標高差	室堂まで1208m

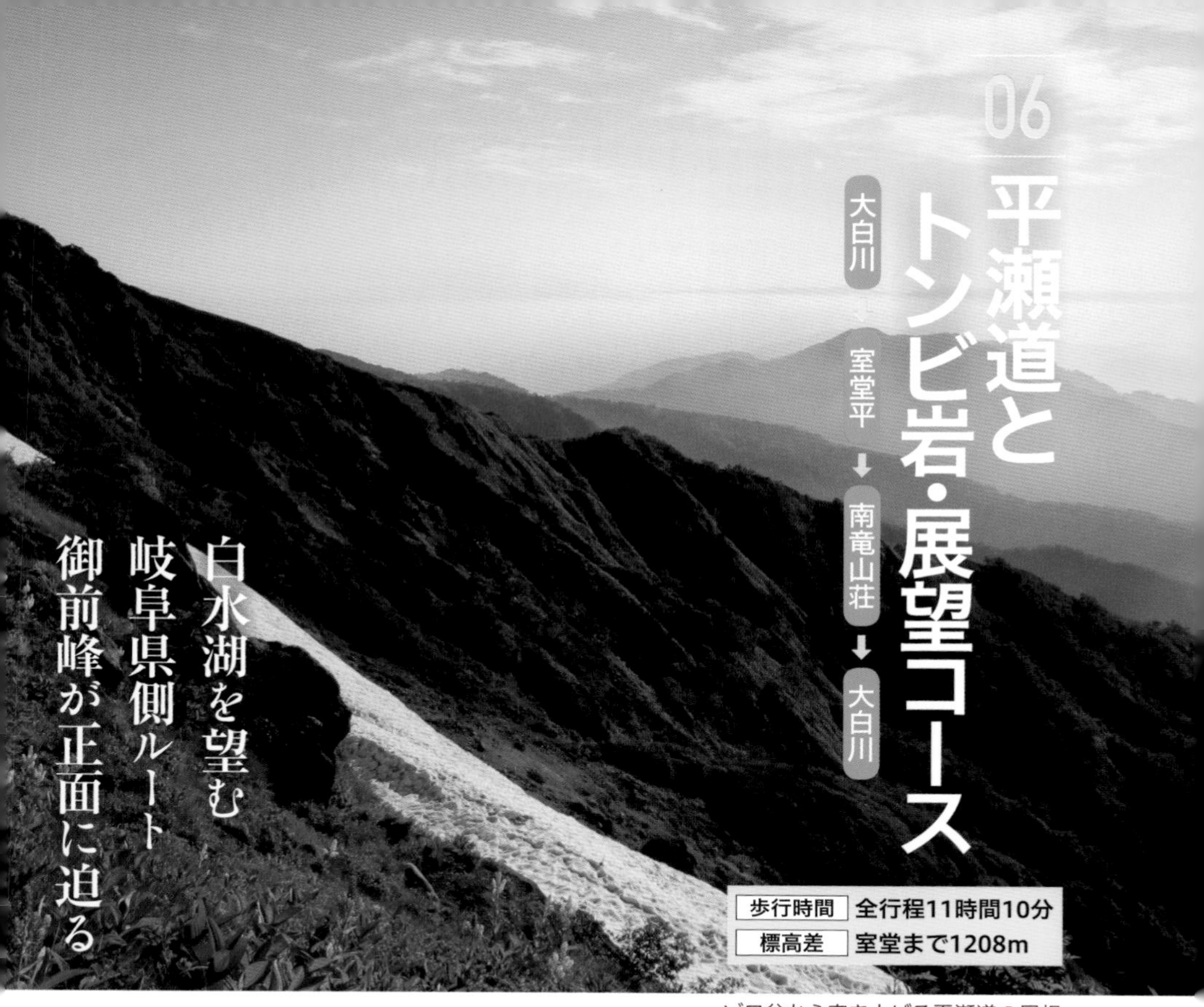

ゾロ谷から突き上げる平瀬道の尾根

「白山《しらやま》、国の西に在《あり》。大野郡白川郷平瀬村より絶頂迄《まで》九里八丁、古来諸人、大白川にそひて、険岸の峻嶺をさかのぼり…」との斐太《ひだ》後風土記《ごふどき》に触発され、梅雨明けが待ちきれなくて、猫の目のように変わる予報を都合よく解釈して、白川村平瀬から大白川《おじらがわ》沿いの道を、平瀬道の登山口がある大白川野営場に向かいました。

白水湖《はくすいこ》畔の駐車場に車を止めて、若いオーナーが管理している**ロッジ**を訪ねます。大白川露天風呂は…と案内に目をやると、「大人500円、子供300円」と、現在も営業していました。センサーで照明がつく清潔なトイレも健在で、入口に、使用の際に心づけを入れる箱が置かれていました。

この日はここで前泊です。平日でガランとしている広場の隅に車を移動したら、折りたたみ椅子に腰を下ろしてアイスボックスから缶ビールをとりだし、夕暮れのひと時を楽しみました。

平瀬道登山口

湖畔の露天風呂

【1日目】

＊登山口～ブナ林～ダケカンバ帯～大倉山避難小屋

巨大なブナやミズナラの間を軽快に

午前5時、雨が小降りになったので、**登山口**がある鳥居脇の駐車場に移動しました。隣の松本ナンバーの車から若い女性が出てきて身支度を始めました。空模様を聞くと、この女性も「小雨のち曇りのち晴れ」を信じてやってきたことがわかりました。5時半、女性に少し遅れてスタートです。「平瀬道は初めてなんです」と言っていましたが、松本から一人でやってくるだけあって、足取りも軽く山の中に消えて行きました。

鳥居をくぐると、登山届ボックスなどが置かれている**休憩小屋**の前にさしかかりました。思わず外に避難したくなるような避難小屋だったのは昔のこと。間伐材を使った丸太小屋は新しく、中も快適そうです。

平瀬道を歩くのは十数年ぶりです。左へジグと進んで、そこから右にザグと上ると、まだ新しい丸太の階段がドミノ倒しの駒のように、歩幅にちょうど良い具合の等間隔で樹林の上へと続いています。

歩き始めて数分で、はやくも**ブナの原生林**の中に突入しました。どのブナも、幹の太さが尋常ではありません。時折り小雨が木々の枝や葉を叩きますが、樹林のおかげで雨具を

30分ほどで休憩ベンチに

ブナ林を心地よく進む

平瀬道の大倉尾根

着る必要は全くありません。

30分ほど上ると道が平坦になり、案内標柱の前に**木製のベンチ**が置かれていました。道は少し上ったら緩やかになって、息を切らすこともなくムリせずに高度を上げるようにつけられています。次々と現れる巨大なブナやミズナラに見とれながら歩いていたら、ダケカンバが山腹に顔を出しました。1600メートルの半ばまで登ったようです。

数メートルにわたって、山腹斜面のネマガリダケが刈り払われています。このようなところが、このコースには2、3箇所あります。滑りやすくて歩きにくかった記憶がよみがえってきました。

ダケカンバ帯にさしかかると木々の背丈も低くなり、明るい草地の尾根歩きになりました。ミヤマキンポ

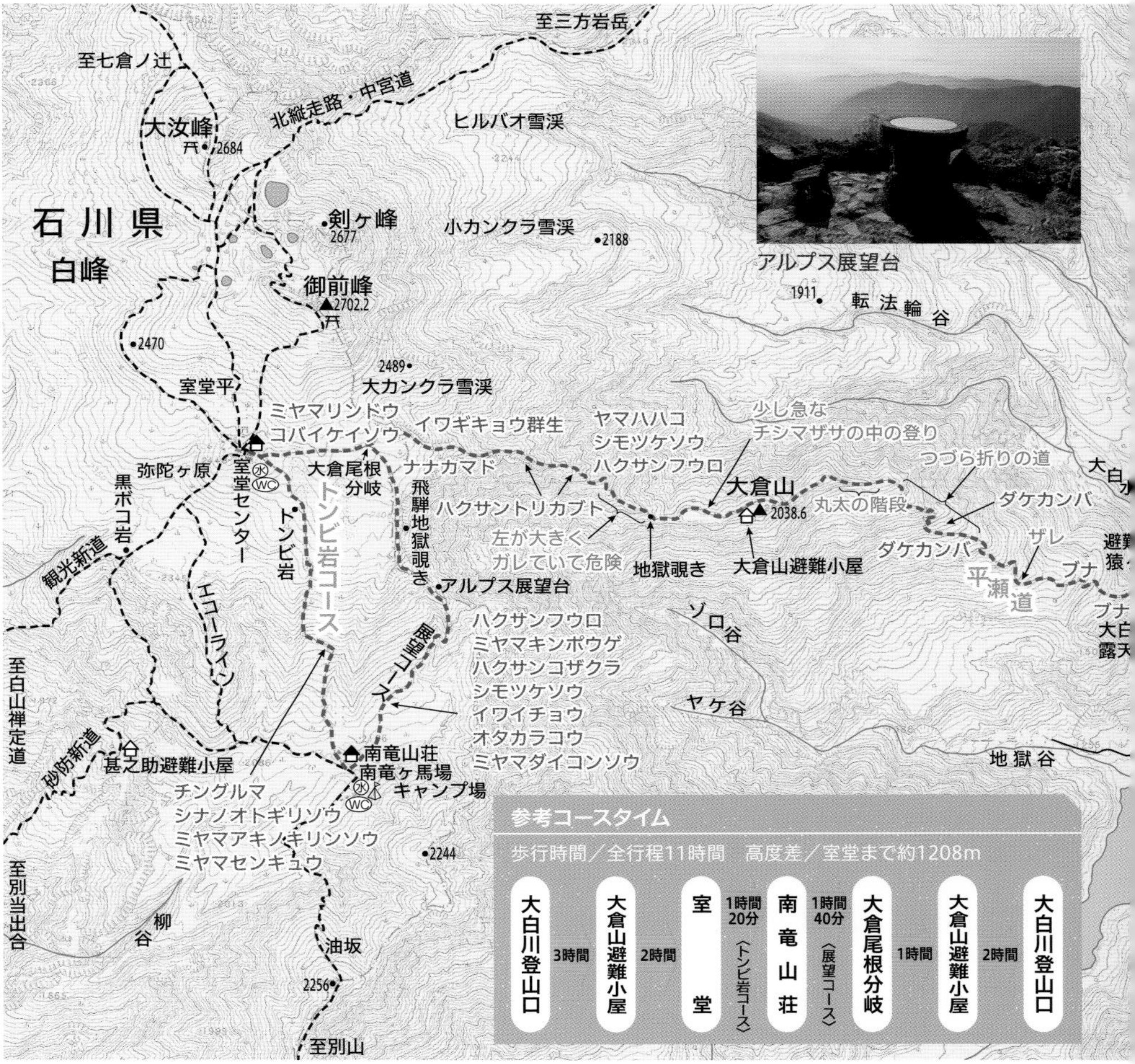

参考コースタイム

歩行時間／全行程11時間　高度差／室堂まで約1208m

大白川登山口	2時間	大倉山避難小屋	1時間	大倉尾根分岐	1時間40分〈展望コース〉	南竜山荘	1時間20分〈トンビ岩コース〉	室堂	2時間	大倉山避難小屋	3時間	大白川登山口

ウゲやヨツバヒヨドリが道端に咲いています。ハクサンチドリも草むらのいたるところで見かけるようになります。

南斜面がゾロ谷側に崩れ落ちたところにさしかかるあたりから、雲間を透して白水湖の碧い水面が見え隠れし始めました。尾根を右手から回

尾根から振り返ると白水湖が眼下に

大倉山の少し下の地点から。眼前に白山が迫る。左が御前峰、右は剣ヶ峰

見事なキヌガサソウ群落

大倉山避難小屋

り込むように上ると、**大倉山の山頂取り付き**です。そこから水平道を少し辿ると、ダケカンバ帯の中に、グレーに塗られた**避難小屋**の深緑色の屋根が見えてきました。

＊大倉山避難小屋～室堂～トンビ岩～南竜山草

キヌガサソウの大群落に迎えられ

モミジカラマツの脇を行くと、小白川の谷からせり上がっている山腹一面を、ニッコウキスゲが覆っています。その先では、これも見たことのないキヌガサソウの大群落に迎えられます。マイヅルソウ、シナノキンバイ、テガタチドリ、ハクサンシャクナゲ…と、たたみかけるように現れます。やがて眼前に広がる乳白色のモヤの下に、Y字状の真っ白な**カンクラ雪渓**が現れました。

ハイマツ帯の尾根を上り切ると広々とした賽の河原です。南竜ヶ馬場に下りる**展望コースとの分岐**を過ぎ、イブキトラノオやハクサンフウロが咲く道をのんびりと歩いて、登山

平瀬道との分岐への登りが始まる

カンクラ雪渓が間近に

白水湖へ続く平瀬道の尾根

南竜山荘へ

者でにぎわう**室堂センター**に立ち寄りました。

この日は**トンビ岩**コースを下って南竜山荘泊まりです。トンビの姿をした岩のそばから、山荘の赤い屋根や色とりどりのテントが張られた**野営場**を見下ろしながら、よく整備された広い道を下ります。前方には、油坂《あぶらざか》の頭《かしら》から別山へと続く尾根が続いています。岩陰ではチングルマがひと塊りになって白い花をつけていました。

南竜《なんりゅう》山荘に着いたら、まずビールです。小屋の正面にあるベンチに腰を下ろし、柳谷の向こうの福井県境の山々を見渡しながら、夏山の夕暮れを満喫しました。

【2日目】

＊南竜山荘〜アルプス展望台〜平瀬道〜大白川

お日の出に向かって万歳する

翌朝。のんびり起きて小屋をあとに、展望コースを大倉尾根分岐へと向かいます。イワ

トンビ岩

イチョウやオタカラコウ、ミヤマリンドウが彩る湿原を、木道を辿ってひと上りすると、アルプス展望台に出ました。そこから平瀬道の分岐はすぐです。花の攻勢に遭った前日に続いて、再び花責めに遭いながら、足取りも軽く登山口にある大白川の露天風呂へ急降下しました。

帰路の楽しみはもちろん白水《しらみず》の滝見物です。落差72メートルの白水の滝の白くて太い水の束が、圧倒的な迫力で飛沫をあげながら滝壺に吸い込まれていました。

白水の滝

登山メモ

《交通案内》

白山山頂部とトンビ岩コース、展望コース周辺の地形

マイカー利用の場合　白山白川郷ホワイトロードまたは東海北陸自動車道利用で国道156号を平瀬へ。平瀬の家並を抜けたすぐ先の大白川橋手前を右折して、大白川沿いに林道を大白川登山口へ。

ＪＲ利用の場合は、ＪＲ名古屋駅からＪＲ東海バス、または名古屋鉄道バスで平瀬へ。平瀬から登山口までタクシー利用(要予約)となる。

《アドバイス》

・地竹を刈ったあとの外傾した道の乗り越しと、それに続く急なガレ道は滑らないよう注意。

・カンクラ雪渓が見える地点から上部にかけて、左斜面が切れ落ちて、道が狭くなって不安定なところがあるので要注意。

・大倉尾根分岐から室堂までの一帯は、ガスが発生した時などは迷いやすいので要注意。

・水場は室堂、南竜ヶ馬場以外になし。

《問い合わせ先》

白川村役場 ☎05769(6)1311

白山タクシー ☎05769(5)2341

ＪＲ東海バス

☎052(563)0489

高山土木事務所

☎0577(33)1111

《地形図》

二万五千分の一／白山

五万分の一／白川村・白山

07

南竜から別山・市ノ瀬道

砂防新道 → 南竜山荘 → 別山 → 別山・市ノ瀬道

究極の尾根歩きと巨大なブナの原生林白山信仰にも触れる

歩行時間	南竜ヶ馬場～市ノ瀬7時間30分
標高差	市ノ瀬～別山：約1569m　南竜ヶ馬場～別山：約299m

室堂から望む別山

白山はいくつかの頂が寄り集まって出来た独立した山域の総称で、古くから信仰登山の対象として崇められています。南にある別山《べっさん》は、白山5峰に数えられ、最高峰の御前峰、隣にある大汝峰とともに白山三所権現のひとつが祀られている白山を代表する頂きです。古くからの人気コース、南竜ヶ馬場《みなみりゅうがばんば》から別山を訪ね、チブリ尾根伝いに市ノ瀬に下りることにしました。

【1日目】

＊**別当出合～中飯場～甚之助避難小屋～南竜山荘**

砂防新道から南竜ヶ馬場まで軽快に

青い空にイワシ雲が浮かんでいます。**別当出合**に架かる吊橋を渡り、**砂防新道**に足を踏み入れます。夏も終わりに近づくと、お盆の賑わいがウソのように静かです。段々畑のように重なった砂防堰堤の上に不動滝《ふどうだき》が見え始める**中飯場《なかはんば》**から1時間半ほど汗を流すと、**甚《じん》之助《のすけ》避難小屋**に着きました。

南竜山荘が見えてくる

甚之助小屋の前で休憩

南竜ヶ馬場方面への分岐まではひと上りです。夏バテ気味のハクサンフウロやカライトソウを振り返りながら、左へ大きく回りこむと、草原の向こうに**南竜山荘**の赤い屋根が見えてきました。この日は小屋泊まり。夕食まで時間がたっぷりあるので、しばらく周辺を散歩してから、小屋の前でちょっとカンパイ。翌日に備えて、鋭気を養いました。

【2日目】

＊南竜山荘〜油坂〜天池〜大屏風

お花畑を歩きながら御前峰を振り返る

山荘を後に**野営場**へと向かいます。朝陽に輝くエコーラインやトンビ岩コースが、池塘《ちとう》の向こうに見えます。木道伝いに赤谷へと下りたら、油坂《あぶらざか》の頭に向けた長い上り坂の始まりです。サラシナショウマとハクサントリカブトが競い合うように咲く草むらをゆっくりとたどり、時折立ち止まって、ひと息つきながら振り返ります。まず御前峰が頭を見せ、続いて南竜山荘の赤い屋根が姿を見せます。空は真っ青です。

東に目をやると、赤谷の枝沢が突き上げる切れ込みの、はるか向こうの連山の上に、白い雲が一直線に延びています。その雲の上に、槍《やり》、穂高《ほだか》、乗鞍《のりくら》、御嶽《おんたけ》と、3000メートル級の山々の黒い頂が見えます。

油坂の頭に出たら、開放的でダイナミックな尾根歩きが始まります。すぐに**天池**《あまいけ》にさしかかりました。信仰登山で賑わった頃、登拝者を相手に酒食の商いをしていた六兵衛という人の室があったところです。

左手の足元が真っ逆さまに切れ落ちていて、ヒヤリとする箇所を何度か通過し、アップダウンを繰り返しながら少しずつ高度を上げると、前方から小屏風《こびょうぶ》、**大屏風**《おおびょうぶ》が迫ってき

別山へと続くダイナミックな尾根

油坂の頭に出る

ました。お花畑を歩きながら御前峰の眺めが欲しいままにできるこの区間は、岐阜県の長瀧《ながたき》白山神社を起点とする信仰登山の道・**美濃禅定道**《みのぜんじょうどう》でも一番美しいと言われるところです。

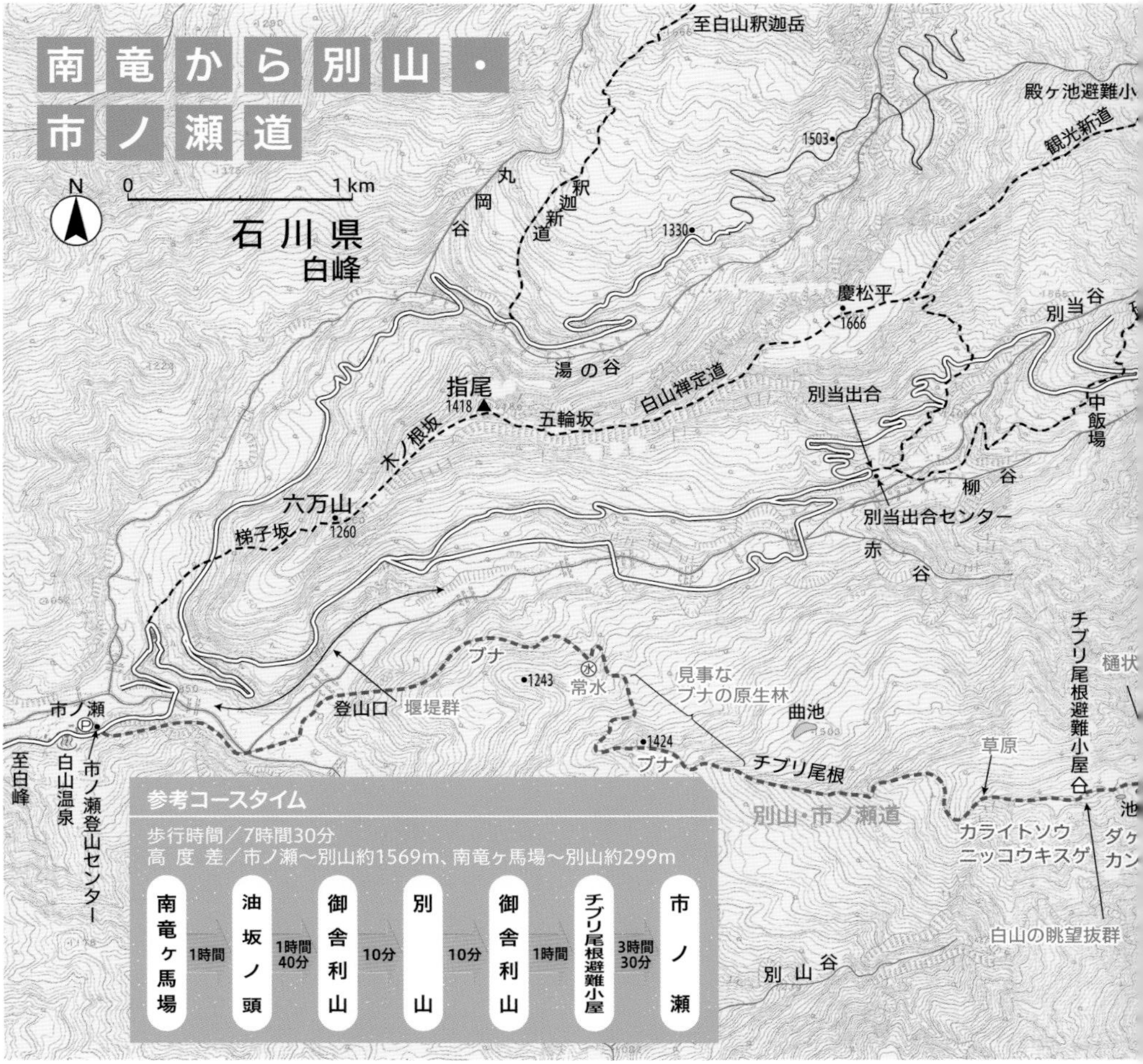

文化10年（1814）に書かれた「白山紀行」によると、「天の池、かなわの渡しというところあり。大屏風、小屏風とて危うき難所あり。東の方は千丈の谷にて、実に屏風をたてたるが如《ごと》し」とあります。道は尾根の東斜面につけられていて、その斜面の草地に、ウメバチソウやウサギギク、ミヤマリンドウが、宝石のように散りばめられています。

＊大屏風～御舎利山～別山神社

神仏習合思想に思いめぐらせ

すぐに**御舎利山**《おしゃりやま》にさしかかりました。先の紀行文には、この近くで雷鳥を見かけたとも書かれています。「大きさ、形は鶏の雌によく似たり。頭に赤き肉冠ありて、頭より背、尾まで皆褐色。両翼白く」と。さらに「余、雷鳥の羽を拾いて家土産とす」

大屏風

ピーク手前から御前峰を振り返る

天池室跡にさしかかる

とあります。この筆者は、加賀の大聖寺藩からやってきた武士で、クロユリも鼻紙の間に押して土産にしています。

御舎利山分岐から**別山神社**までは、ひと歩きです。仏教や道教が取り入れられた奈良時代あたりから明治政府による神仏分離令《しんぶつぶんりれい》が発せられるまでの長い間、日本では在来の神と外来の仏を合体させた神仏習合《しんぶつしゅうごう》思想＝本地垂迹説《ほんじすいじゃくせつ》が人々の心に息づいてきました。これは、それ以前は麓から拝むだけだった神が宿る山に深く分け入って修行し、自ら仏とひとつになるという、山岳修験《しゅげん》にも道を開きました。

ちなみに別山の垂迹神は地主神（小白山別山大行事）で本地仏は聖観世《しょうかんぜ》音菩薩《おんぼさつ》、その俗体は弓矢を持つ宰官《さいかん》と、当時の信仰スタイルはけっこう

別山の大平壁

別山神社

御舎利山へと向かう

難しいのです。

別山神社の祠の脇から山頂に出ました。西の谷からガスが立ち上り始め、御前峰は拝めません。右手に目をやると、白水湖《はくすいこ》の向こうに、褐色の地肌をむき出しにした三方崩山《さんぼうくずれやま》が見えます。南眼下には別山平が広がっています。

＊別山〜チブリ尾根避難小屋〜市ノ瀬

別山に「四海波山」の別名が

別山には「四海波山《しかいなみさん》」という岐阜側から仰いだ呼び方がありました。「越前にては別山と云《いう》。此嶽東西の岩に波文あり。囙《よりて》四海波嶽と云」と明治初期に著わされた「斐太後風土記《ひだごふどき》」に記《き》されています。波文は別山山頂から南東側に切れ落ちる**大平壁《おおひらかべ》**にあって、尾上郷《おがみごう》川沿いの街道を経て別山平の室跡あたりから嶺越《みねごし》をし

樹林の中を下る

チブリ尾根避難小屋

て、吹向尾根伝いに市ノ瀬に下り、加賀や越前と行き来した際に、この壁を眺めたところからつけられた名前のようです。後風土記の尾上郷村についての記述によれば「此《こ》の村へ流れ出る川の水源は…越前の別山の裏嶽にて、四海波嶽なり…と、四海波という呼称がひんぱんに出てきます。

分岐まで引き返したら、御舎利山を後に急坂をジグザグと下ります。**チブリ尾根避難小屋**を過ぎ、ダケカンバ帯から暫く下ると、息を呑むような**ブナ林**にさしかかりました。

明治元年からスタートした神仏分離令によって、別山に奉られていた仏像は今、御前峰、大汝峰など他の下山仏といっしょに、白峰の林西寺《りんさいじ》に安置されています。

白山の歴史に無謀にも首を突っ込んだ山歩き。市ノ瀬まで降りたところで、大好きな永井旅館の秘湯に直行しました。

市ノ瀬永井旅館

登山メモ

《交通案内》

別当出合から砂防新道をたどるコースが最短距離。別当出合へは、夏山・秋山シーズン中はJR金沢駅とJR松任駅からバスが出ている。

マイカー利用の場合は、7月中旬から10月中旬までの土日・祝日を中心とした交通規制時以外は、別当出合まで入れる(砂防新道コース参照)。

《アドバイス》

・赤谷への下り、油坂の登りは、雪渓が残っている場合には注意が必要。
・油坂ノ頭からの尾根道はヤセていて、左が切れ落ちているところが多いので注意。
・御舎利山からチブリ尾根への最初の下りは急なので、滑らないようゆっくりと。
・避難小屋から先の下りは長いので、休憩をきちんととりながら。
・水場は、チブリ尾根を下った、市ノ瀬から1時間ほどの地点以外にはないと考えた方がよい。

《問い合わせ先》

白山市白峰市民サービスセンター
☎0776(259)2011

《地形図》

二万五千分の一/加賀市ノ瀬・白山
五万分の一/越前勝山・白山

白山下山仏と本地垂迹説

白山市白峰の林西寺《りんさいじ》白山本地堂《ほんじどう》には、白山から運び下ろされた8体の御本地仏《ごほんじぶつ》が安置されています。また、加賀禅定道側の尾添《おぞう》白山社には檜新宮に奉納されていた仏体9点と半鐘1点があり、これらは「白山下山仏」と呼ばれています。

大陸からの仏教伝来を機に平安時代に広まった「神の本当の姿は仏である」という本地垂迹説に基づいて白山にまつられていた仏像です。これは、神とは、仏(本地)に直接近づくことのできない人々を導くため、仮に神に姿(垂迹)を変えて人々の前に現れるという神仏習合の考え方で、山岳宗教と深く結びついてきました。

御前峰の神はイザナミノミコトで、その本当の姿は十一面観音、大汝峰の神はオオナムチノミコト、本当の姿は阿弥陀如来だというように、人々にとって神と仏は一体の存在でした。

明治維新を迎え、祭政一致を目指す新政府が神仏分離令を布告し、神道が国の宗教とされるやいなや、僧侶によって虐げられてきた神官などにより廃仏毀釈運動がまき起こり、寺や仏具、仏像や経文などがいたるところで破壊されました。

現在、林西寺の白山本地堂や尾添白山社に安置されている白山下山仏は、この運動から仏像を守ろうとした村人たちに背負われて、命からがら下山した白山の神々の本地というわけです。

銅造十一面観音立像
(重要文化財、林西寺蔵)

尾添白山社の木造阿弥陀如来立像
(白山市尾添地区蔵)

林西寺の白山本地堂に安置される白山下山仏

08 鳩ヶ湯新道

上小池 → 三ノ峰 → 別山

明るい稜線が人気の三ノ峰から別山へ池塘光る草原

歩行時間	上り6時間25分 下り4時間10分
標高差	別山まで約1479m

クガイソウが咲く別山谷

【1日目】

＊上小池キャンプ場～六本檜～三ノ峰避難小屋

イッキに突き上げる手ごわい急坂

越美北線の勝原《かどはら》駅前から、打波川に沿って車を走らせます。新オーナーの手で再開した鳩ヶ湯の前を過ぎたら、ひとっ走りでスタート地点となる**上小池《かみこいけ》キャンプ場**です。立派なトイレがある駐車場で身支度して、青紫のソバナが咲く林道を川沿いに遡ります。橋を渡って少し行くと、堰堤が現れました。**登山口**はそのそばです。

最初の上りは山腹につけられた急坂ですが、すぐにミズナラ林の中のジメジメした緩やかな道になります。25分ほど行くと開けた草地に出ました。**山腰《やまこし》氏屋敷跡**です。ベンチでひと息入れて汗をぬぐいます。

杉木立の中を進むと、やがてジグザグの上りとなりました。右手の木々の隙間からは、願教寺山や美濃禅定道の長い尾根が見えま

道はよく整備されている

上小池駐車場

杉峠と上小池の分岐・六本檜

す。左手前方に目をやります。杉峠から続く尾根まではまだ大分上らなくてはならないようです。

しばらくすると段差の大きい急坂になり、頭上に見覚えのある檜の古木が現れました。杉峠から続く尾根道が合流する**六本檜**《ろっぽんひのき》です。杉峠道や赤兎方面までのヤブ道が整備されたこともあって、分岐には立派な案内標識も立てられています。

ヒノキの根を乗り越しながら水平道をたどるとブナ林の中の上りになりました。やがて、遮るもののない稜線に踊り出ました。**チシマザサに包まれた尾根**は、適度にヤセていて、三ノ峰へとイッキに突き上げるように延びて、山好きたちを誘っています。

ヤマハハコが咲く草むらの先のダケカンバ帯の上から、**剣ヶ岩**《けんがいわ》が迫ってきます。この日の予定は、好天なら別山まで往復して避難小屋泊まり。あわてることはありません。

剣ヶ岩の頭に出ると、シモツケソウやカラ

お花畑の急坂を辿る

剣ヶ岩が見えてくる

剣ヶ岩から避難小屋に続く急な尾根道

三ノ峰避難小屋の内部

イトソウが咲いていました。タカネマツムシソウ、タテヤマウツボグサ、ヨツバシオガマと、このコースならではの多くの花たちが、次々と出迎えてくれます。小屋の手前の上りは、なかなか手ごわい急坂です。とはいえ、ミヤマダイモンジソウやタカネナデシコに目を奪われていたら、気づかぬ間に赤い小屋が現れていました。

三ノ峰《さんのみね》避難小屋の前でひと息入れます。二ノ峰に続く草地の斜面にニッコウキスゲが咲いていいます。別山に続く尾根は、濃いガスに包まれています。しばらく待ちましたが、ガスが切れないので、別山ピストンは翌日にして、小屋の中で早めのカンパイとしました。

三ノ峰避難小屋

【2日目】

＊三ノ峰避難小屋～別山平～別山～上小池駐車場

ハクサンコザクラ目当てに御手洗池へ

翌朝、露を含んだササをかき分けながら、小屋を後に**三ノ峰**に向かいました。別山へと続く尾根には、まだうっすらとガスがかかっています。三ノ峰を後にハクサンフウロが咲く草地を鞍部まで下りたところで前方から2人の男性が相次いでやってきました。早朝に

鳩ヶ湯新道

参考コースタイム

歩行時間／登り6時間25分・下り4時間10分　高度差／別山まで約1479m

区間	登り	下り
上小池駐車場－登山口	25分	25分
登山口－山腰氏屋敷跡	25分	
山腰氏屋敷跡－六本檜	1時間10分	1時間
六本檜－剣ヶ岳	1時間10分	45分
剣ヶ岳－三ノ峰避難小屋	1時間20分	40分
三ノ峰避難小屋－三ノ峰	10分	5分
三ノ峰－別山平・御手洗池	1時間10分	50分
別山平・御手洗池－別山	35分	25分

御手洗池

三ノ峰へと向かう

別山平をあとに三ノ峰へ

三ノ峰山頂から別山を眺める

南竜山荘を出て、別山を経由してきたようです。

グーンと思い切って下ったら、別山平に向けた長い上りが始まりました。目当ては一面に咲くニッコウキスゲです。が、時期が少し早かったのか、この日の**別山平**はシーンと静まり返っていました。**御手洗池**《みたらしいけ》にさしかかったところで、ハクサンコザクラの大群落はと見渡しましたがこの日は今ひとつ。

ここから別山への上りは、右手の**大平**《おおひら》**壁**《かべ》一帯が別山谷に向けてスパッと切れ落ちているので、ちょっとスリルがあります。途中、灌木の中を横切るところがあって、ゴゼンタチバナやミヤマアキノキリンソウが目を楽しませてくれます。

この尾根はいつものことですが、風が強く吹いています。西斜面の社の脇から山頂に上がって北に目をやると、御前峰一帯は雲がかかっていました。

登山メモ

《交通案内》

JR越美北線越前大野駅から市営バス利用で終点の鳩ヶ湯へ。上小池までは2時間の歩きとなる（鳩ヶ湯宿泊の場合は送迎有り）。

マイカー利用の場合は、国道158号を勝原スキー場そばから県道173号に入り、鳩ヶ湯を経て上小池へ。

《アドバイス》

・登山道はよく整備されていて危険なところはない。日帰りで別山まで足を延ばす場合は、体力がある人でも早出が必要。
・別山に続く尾根はヤセたところがあり、特に風の強いときは注意が必要。
・避難小屋からの下りは急なので、滑らないようにゆっくり注意して。
・水場の状況は事前に問い合わせをしておいた方がよい。

《問い合わせ先》

大野市役所☎0779(66)1111
鳩ヶ湯☎0779(65)6808

《地形図》

二万五千分の一／白山・二ノ峰・加賀市ノ瀬・願教寺山
五万分の一／白山・越前勝山

別山平の御手洗池から見る別山。ハクサンコザクラが咲き乱れる

09 杉峠道〜赤兎山〜小原峠道

杉峠道 ➡ 白山展望台 ➡ 赤兎山 ➡ 小原峠道

ブナ林や植物を愛でながら白山や別山を眺望する周遊コース

歩行時間	全行程7時間40分
標高差	約950m

白山展望台から白山を望む

白山登山をさらに楽しみたい方にとって、三ッ谷《みったん》を起点とした杉峠道《すぎとうげみち》から赤兎山《あかうさぎやま》、そして小原峠道《おはらとうげみち》の周遊コースは、計画づくりにとても役立ちます。そこで、この周遊コースを紹介することとしました。なお、六本檜と杉峠間については、上小池から三ノ峰に向かうコース(76ページ)で触れておきました。

＊三ッ谷集落跡〜杉峠登山口〜白山展望台〜杉峠

樹林や眺望を楽しみながら進む

市ノ瀬の手前で三ツ谷川に架かる橋を渡ったら、川に沿って三ッ谷の集落跡へと向かいます。東俣谷、中ノ俣谷、西俣谷の3つの支流が出合ったところに、車が3台ほど置ける駐車スペースがあります。西俣谷方面への山伏林道は、下山で利用する小原峠道(旧越前禅定道)へと続いています。

橋を渡り、中ノ俣谷右岸の集落跡・埋《うず》み火《び》の里《さと》から左へ、東俣谷沿いの林道を辿ると、すぐに**杉峠道の登山口**にさしかかりました。

集落跡を左・杉峠道登山口へ

スタートは三ッ谷集落跡・埋み火の里から

ヒノキの大木を回り込む

偶然でしたが日本山岳会石川支部の方たち有志が草刈りをしてくれた直後。感謝しながら足を踏み入れます。

杉林の坂道をひと上り。すぐに**ミズナラ林**になり、その先で森は早くも鬱蒼《うっそう》とし始めました。ヒノキの古木の巨大な根元から、ブナが伸びています。白い半透明のギンリョウソウが30株ほどひと塊になって、落枯れた葉をかきわけて首をもたげていました。

道が平坦になると、周囲は**ブナ林**になり、徐々に奥深くへと誘いこまれます。前方の、ちょっと長い急坂を上ると、左手前方が刈り払われた**第一展望台（別山展望台）**にさしかかり

白い半透明のギンリョウソウ

ブナ林の中を行く

杉峠道～赤兎山～小原峠道

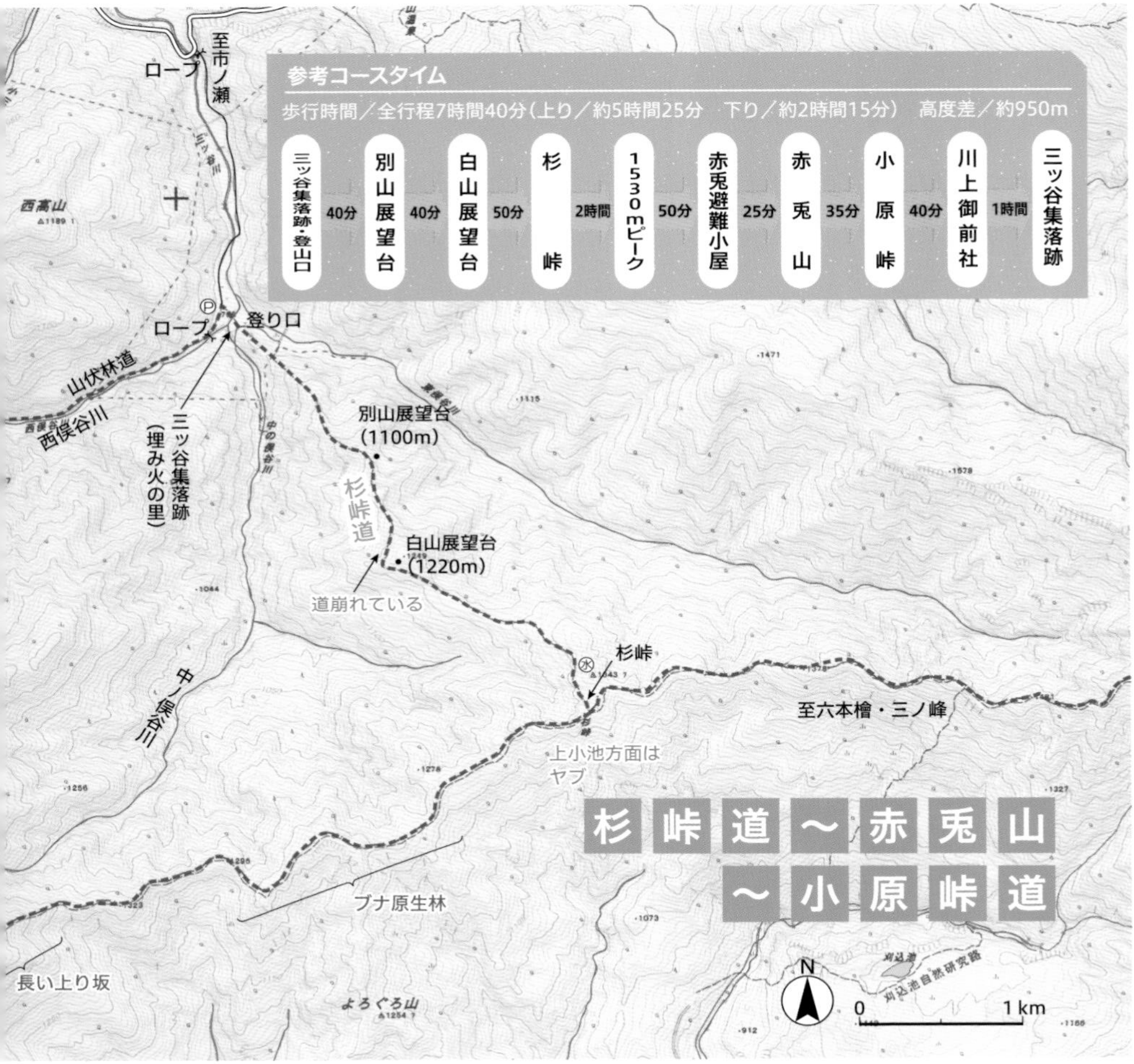

ました。ここでひと息。三ノ峰から別山平、そして別山と続く尾根が、東又谷川の切れ込みの上に架かっています。展望台を後に進むと、寿命を全うしたブナが横たわっていました。ブナの寿命は200～225年くらいと言われますから、江戸時代、文化文政の頃から伐採されずにいたことになります。

道が崩れ、ロープが張られたところを通過したら、**白山展望台**にさしかかりました。市ノ瀬から鳩ヶ湯新道へと突き上げる尾根の向こうに、四塚山、大汝峰《おおなんじがみね》、御前峰《ごぜんがみね》が残雪を戴いています。その右手には別山、三ノ峰が、第一展望台から見たよりもくっきりと大きく見えます。

水場を過ぎ、最後の枝沢のVの字を乗り越すと、ミズバショウの群生地が現れ、すぐ先の、ちょうど顔を

別山展望台からは三ノ峰、別山が望める

上げあたりに、**杉峠の標柱**らしいシルエットが見えました。立派な標識です。六本檜と赤兎山、市ノ瀬からの道が合流する三叉路の案内です。かつて市ノ瀬から上小池へと郵便物

白山展望台から三ノ峰、別山を望む

道が崩れているところを通過

鬱蒼としたブナ原生林の中へ

杉峠

小屋をあとに赤兎山山頂へ

1530メートルピークから願教寺山方面を振り返ります

を運んだ「杉峠道」の峠と上小池の間は、しばらく整備されていないそうで、残念ながら案内からはずされています。

＊杉峠〜赤兎避難小屋〜小原峠〜三ッ谷集落跡

苔むす樹海を抜け赤兎山をめざす

　きれいに刈り払われた杉峠でひと休みしたら、赤兎方面に向かって少し下ります。プラスチック板の階段を上り返すと、樹林が切れました。振り向くと、雨後の青い空と白い雲に向かって駆け上がるように、美濃禅定道の尾根が延びていました。

　ゆるやかな上り下りをたどると、**ブナ林**が太古の様相を帯びてきます。長く幕府の直轄地（天領）として勝手に伐採することが禁じられてきたからでしょうか、四方に伸びた枝々まで苔むしていて、目にしたことのない深い樹海が続いています。

　倒木の隙間を縫いながら、茶色い落葉の道を2時間ほど行くと、**1320メートルピーク**に出ました。そこから小さく下ったら、このコース一番の長い上り坂が始まりました。足元ではアカモノやツマトリソウが賑わい、ヨウラクツツジが道々を紅色に彩っています。**1530メートルピーク**に出たところで三ッ谷川の源頭部まで真っ逆さまに下ったら、赤兎の小屋に向けた上りです。滑りやすい急坂を、小笹を束ねて掴みながら、強引に体を引き上げます。

　赤兎避難小屋でひと息ついたら、その先は歩きなれたコースです。山頂を経て**小原峠**まで下りると、白山禅定道（旧越前禅定道）の小原峠道を西俣谷川沿いに三ッ谷の集落跡へとひと下り。まもなく**川上《かわかみ》御《ご》前社《ぜんしゃ》**の前に出ました。白山登頂を果たした泰澄大師が菩《ぼ》薩《さつ》像を彫って、禅定道を行き来する人たちの無事を願って、休憩所があったこの地に社を建てて奉ったところです。そこからひと下り、林道が見えたら、対岸のはるか頭上で、山腹の崩落対策工事が続けられていました。

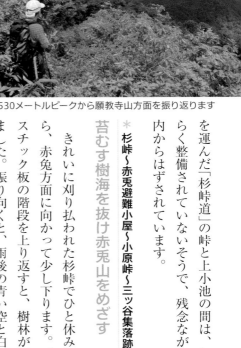

赤兎山山頂

泰澄大師作と伝わる菩薩像がまつられていた川上御前

白山禅定道(旧越前禅定道)を三ッ谷へ

登山メモ

《交通案内》

公共交通利用の場合は、JR金沢駅とJR松任駅から出ているバスで市ノ瀬ビジターセンター前で下車して、三ッ谷の登山口まで歩いて約1時間　マイカー利用の場合は、市ノ瀬手前の三ツ谷川を渡り、右岸沿いの林道を三ッ谷の集落跡へ。すぐ手前に駐車スペース有り。※主に工事車両用の道につき、取り外し可能なロープが張られている。

《アドバイス》

・杉峠のすぐ手前に水場有り。
・ウサビ谷源頭の鞍部から赤兎避難小屋に向かう途中の急坂は滑りやすいので注意を。
・小原峠道を下る途中、1カ所崩落場所有り。山腹を小さく巻くためのロープが張られているので注意して。

《問い合わせ先》

白山市白峰市民サービスセンター
☎076(259)2011

《地形図》

二万五千分の一/「加賀市ノ瀬」「願教寺山」
五万分の一/「越前勝山」「白山」

10 石徹白道（美濃禅定道）

石徹白 → 銚子ヶ峰 → 三ノ峰 → 石徹白

ビロードのような尾根道を一ノ峰、二ノ峰、三ノ峰と上る

歩行時間	上り5時間40分　下り4時間
標高差	室堂まで1198m

三ノ峰へと続く見事な尾根

＊石徹白～神鳩ノ宮避難小屋～銚子ヶ峰

泰澄とその母にまつわる伝承の道

石徹白《いとしろ》には、白山山頂と美濃禅定道《みのぜんじょうどう》の起点・長瀧《ながたき》白山神社の中間にあって信仰の拠点となった**白山中居《ちゅうきょ》神社**があります。鳥居の前から、石徹白川に沿って北に遡ると、**登山口**そばの**あずまや**が見えてきました。

身支度をすませ、みごとに積まれた自然石の階段を上ると、国の特別天然記念物に指定されている**石徹白の大杉**がある広場に出ました。樹齢1800年余、幹回りは13メートル。泰澄《たいちょう》が白山開山の折に愛用していた杖《つえ》が、この杉になったのだそうです。

老木を後にブナ林へと向かいます。ヤマハッカの仲間のカメバヒキオコシが、フジ色の花を咲かせています。最初の上りで一汗かくと、道は水平になりました。さらにひと歩きで、開けた尾根に出ます。すぐに「**おたけり坂**」と呼ばれる急坂にさしかかりました。

登山口の水場

石徹白登山口

雨やどりの岩屋

神鳩ノ宮避難小屋

石徹白の大杉（特別天然記念物）

女人《にょにん》禁制の山に、泰澄のお母さんが足を踏み入れて、神の怒りに触れたところです。数分上ると、血の雨、槍の雨から逃れるために、お母さんが避難した「**雨宿りの岩屋**」にさしかかりました。

　急坂をたどり、トチノキの脇を過ぎると、道はまた平坦になりました。行く手に銚子ヶ《ちょうしが》峰《みね》へと続く尾根が見えます。足元にはアキノキリンソウ。そのちょっと先に、目の覚めるような青紫のリンドウが小さな群落を作っています。

　やがて前方に、**神鳩《かんばた》ノ《の》宮《みや》避難小屋**の赤い屋根が見えてきました。かつての神鳩社跡《かんばたしゃあと》です。一息入れて小屋を後にします。

　小石混じりの道を進むと、チシマザサの尾根に出ました。ここから先は、神や仏に近づく「上品《じょうぼん》の世界」です。前方に、丸い石を重ねた**母御石**《ははごいし》が見えます。どこまでも登ろうとするお母さんを、泰澄が閉じ込めたところです。さらにひと上りしたら、銚子ヶ峰まで**チ**

石徹白川の谷を隔てて
野伏ヶ岳に連なる山々

母御石の向こうに別山が

銚子ヶ峰

三ノ峰へと続く尾根

シマザサの絨毯《じゅうたん》が敷き詰められていました。その向こうに見えるはずの別山《べっさん》には、あいにく雲がかかっていました。

鈍い陽射しに白く輝くチシマザサの中を進むと、**銚子ヶ峰**の頂に出ました。石作りの立派な方位盤が置かれています。その隅に、濃紫《こむらさき》のリンドウが咲いていました。

＊銚子ヶ峰～一ノ峰～二ノ峰～三ノ峰

チシマザサの草原広がる雄大な尾根道

ここから一ノ峰までは1時間ほど。**雲石《くもいし》もすり岩**と名付けられた狭い岩と岩の間をすりぬけて、ウエ田笠場《かさば》湿原《しつげん》を眺めながら、いったん大きく下り、急坂を上り返します。畳2枚分ほどの山頂からは、二ノ峰、三ノ峰、別山が間近に迫って見えます。

一ノ峰を後に再び下って上り返すと、道はゆるやかになりました。**二ノ峰**は、その途中の右手の、チシマザサの中です。左手眼下には、**鬼の鼻面《はなづら》岩**が鬼の形相をして、泰澄が

石徹白道

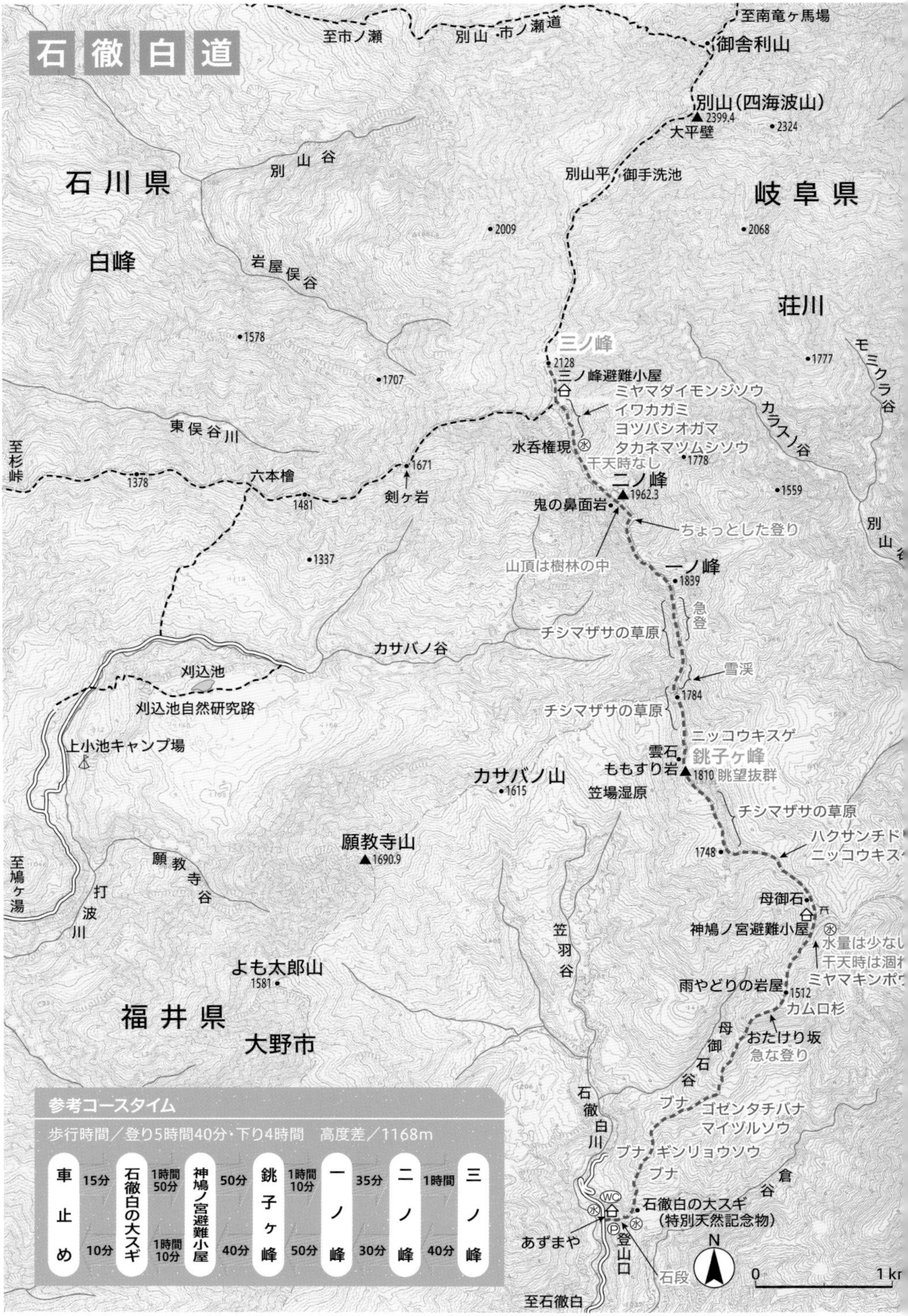

至市ノ瀬
別山 市ノ瀬道
至南竜ヶ馬場
御舎利山
別山（四海波山）
2399.4
2324
大平壁
別山平
御手洗池
別山谷
石川県
岐阜県
白峰
2009
2068
岩屋俣谷
荘川
1578
三ノ峰
2128
三ノ峰避難小屋
1707
1777
モミクラ谷
ミヤマダイモンジソウ
イワカガミ
ヨツバシオガマ
タカネマツムシソウ
カラスノ谷
東俣谷川
水呑権現
干天時なし
1778
至杉峠
1378
六本檜
1671
剣ヶ岩
1481
二ノ峰
1962.3
1559
鬼の鼻面岩
ちょっとした登り
別山谷
1337
山頂は樹林の中
一ノ峰
1839
急登
チシマザサの草原
カサバノ谷
刈込池
雪渓
1784
刈込池自然研究路
チシマザサの草原
ニッコウキスゲ
上小池キャンプ場
雲石
銚子ヶ峰
ももすり岩
1810 眺望抜群
カサバノ山
1615
笠場湿原
チシマザサの草原
ハクサンチドリ
ニッコウキスゲ
願教寺山
1690.9
1748
至鳩ヶ湯
願教寺谷
打波川
母御石
神鳩ノ宮避難小屋
水量は少ない
干天時は涸れ
ミヤマキンポウゲ
笠羽谷
よも太郎山
1581
雨やどりの岩屋
1512
カムロ杉
福井県
大野市
母御石谷
おたけり坂
急な登り
石徹白川
参考コースタイム
歩行時間／登り5時間40分・下り4時間 高度差／1168m
車止め 15分 10分
石徹白の大スギ 1時間50分 1時間10分
神鳩ノ宮避難小屋 50分 40分
銚子ヶ峰 1時間10分 50分
一ノ峰 35分 30分
二ノ峰 1時間 40分
三ノ峰
ブナ
ゴゼンタチバナ
マイヅルソウ
ブナ
ギンリョウソウ
ブナ
倉谷
石徹白の大スギ
（特別天然記念物）
あずまや
登山口
石段
至石徹白
N
0
1km

銚子ヶ峰頂上から来た道を振り返ると、ワクワクするようなチシマザサの草原が広がる

1000匹の蛇を封じ込めたと伝えられる刈《かり》込池《こみいけ》を見張っていました。

辺りで唯一の水場は、その先の鞍部から別山谷の枝沢を少し下ったところです。が、夏場は涸れていることが多いので、わずかな水を得るのにも、ヤブ沢伝いに相当下らなくてはなりません。

そこから草地の広い尾根伝いにジグザグを繰り返すと、**三ノ峰避難小屋**の前に出ました。三ノ峰までは目と鼻の先です。

上り千人、下り千人と言われるほど賑わった白山の禅定道。中でも美濃禅定道は、変化があって眺めが良くて、何度訪れても飽きることがありません。

登山メモ

《交通案内》

東海北陸道の白鳥インターで降り、国道156号を荘川村に向かい、長良川鉄道の終点・ほくのう駅前を過ぎて少し進み、石徹白方面への標識が現れたら左折、県道314号に入り、白鳥スキー場を経

三ノ峰避難小屋

一ノ峰山頂から三ノ峰、別山を望む

三ノ峰から振り返るビロードのように輝く尾根

て白山中居神社へ向かう。神社に
かったら左へ下るようにして進み、橋を
渡って林道に入り登山口へ。

《アドバイス》

・白山中居神社から登山口までは7キロ余りの林道で、全体に道幅が狭いので対向車に注意。
・車止めには立派な駐車場とトイレ、水場、そしてテントを張るのに最適なあずまやがある。
・危険な個所はほとんどなく、花や景色が心行くまで楽しめる。
・神鳩ノ宮避難小屋のすぐ下にある水場は、7月初旬でほとんど使えなかった。二ノ峰の先を右に下った水場は水量が少なく、コーヒーフィルターなどでこして使うとよい。いずれも最新情報が得られない場合はあてにしない方がよい。

《問い合わせ先》

郡上市白鳥振興事務所
☎0575(82)3111
長良川鉄道
☎0575(23)3921
白鳥町濃飛タクシー
☎0575(82)2511
JR東海バス
☎052(563)0489

《地形図》

二万五千分の一／「白山・二ノ峰」
五万分の一／「白山・白鳥」

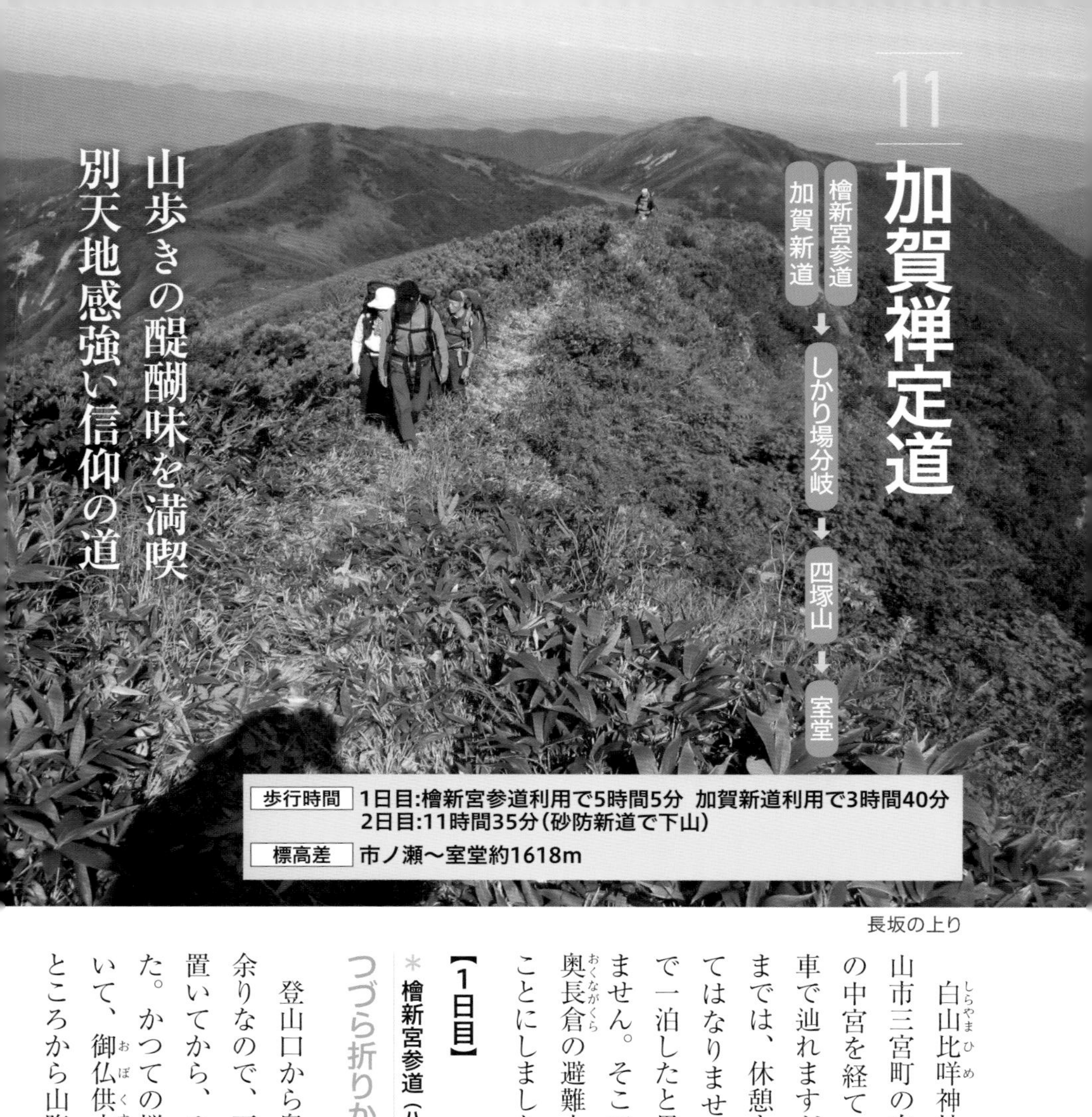

11 加賀禅定道

檜新宮参道／加賀新道 → しかり場分岐 → 四塚山 → 室堂

山歩きの醍醐味を満喫
別天地感強い信仰の道

歩行時間	1日目:檜新宮参道利用で5時間5分　加賀新道利用で3時間40分 2日目:11時間35分（砂防新道で下山）
標高差	市ノ瀬～室堂約1618m

長坂の上り

白山《しらやま》比咩《ひめ》神社を起点とする加賀禅定道。白山市三宮町の白山さんから鳥越の別宮《べっく》、尾口の中宮を経て一里野（尾添《おぞう》）までは、おおむね車で辿れますが、ハライ谷の登山口から室堂までは、休憩をしなくても十数時間歩かなくてはなりません。往時なら天池《あまいけ》の室《むろ》（宿泊所）で一泊したと思いますが、今は室跡しかありません。そこで今回は、コースの途中にある奥長倉《おくながくら》の避難小屋に泊まって御前峰に向かうことにしました。

【1日目】

＊檜新宮参道（ハライ谷～檜新宮～しかり場分岐）

つづら折りから段差の大きい上りに

登山口から奥長倉の避難小屋までは5時間余りなので、下山予定の別当出合に車を1台置いてから、ゆっくりと**一里野《いちりの》**に向かいました。かつての禅定道はハライ谷伝いについていて、御仏供水《おぼくすい》と呼ばれている「お壺の水」のところから山腹に取り付いて檜新宮《ひのしんぐう》に向かっ

ハライ谷そばの登山口

檜新宮の祠

ていました。

「**ハライ谷**」は泰澄大師が身を清めた場所ということで、以降、登拝者を神人《しんじん》（神主）がお祓いしてから登らせていたところです。が、現在は一里野から岩間温泉に向かう車道の途中から直接尾根に取り付きます。

ハライ谷を過ぎ右に大きくカーブする、そのふくらみの左手に車が3、4台置けるスペースが設けられています。先行者の車は1台。すぐ後ろに車を置いて、檜新宮参道の案内に従って法面から尾根に取り付きます。薄暗いミズナラ林をジグザグ上り開けた草地に出たら、その先から鬱蒼《うっそう》とした**ブナ林**になりました。木々の隙間からはるか右上の方に尾根が見えます。登山口が500メートルほど高いところにある加賀新道の尾根です。うらめしく見やりながら進むと、ブナの幹がだんだん太くなってきました。

つづら折りの道を上って一旦水平道に出たら、その先に丸太の階段が現れました。段差の大きい階段を上ると、金沢の大乗寺の井戸につながっていると伝わる**御仏供水**からの道が「にちょうとぎ」で合流しました。分岐にザックを置いて、10分ほど下ると、枝沢の「お壺」に取り付けられたパイプから御仏供水がしたたり落ちていました。

分岐に引き返し、階段上りを再開します。間もなくヒノキの古木が現れ、すぐに**檜新宮**の前に出ました。1982（昭和57）年に再建された祠はしっかりしていて、付近には建物の礎石の跡も見られます。古くは2つの祠があったそうで、修行の場所にもなっていました。また、体力のないお年寄りや女人はここまで上って白山を遥拝《ようはい》したのだそうです。

しかり場分岐はそこからすぐです。見晴らしの良い尾根から一度灌木の中に潜り込むよ

加賀新道に広がる見事なブナ林

加賀新道登山口

うにして上ったら、右手から加賀新道が合流しています。ここで大きく息を吐いて、水分を補給。併せて、小屋で飲むビールの冷え具合を確かめます。

＊加賀新道（一里野〜檜新宮〜しかり場分岐）

登山口が檜新宮参道より470m高い

一里野温泉スキー場のリフト終点のさらに上に延びる林道を利用して、リフトのちょうど真上あたりにある**加賀新道《かがしんどう》の登山口**へと向かいます。ハライ谷の檜新宮参道より470メートルも高い位置にある登山口から階段上のミズナラめがけて上ると、大きな杉の木や巨岩が現れ、原生林の中にさしかかります。道は岩混じりですが、歩きやすく、20分ほど進んで杉木立を抜けると、こんもりとした丘に出ます。**木ノ実谷頭**に下って上り返すと、今度は見事なブナ林になり、すぐに**緑の谷峠**にさしかかります。丸太の階段を上ったらヒメコマツが顔を出し、四塚山へと続く尾根が見え始めたら間もなく**しかり場分岐**です。

＊しかり場分岐〜口長倉〜奥長倉避難小屋

山腹伝いに見事なブナ林が広がる

しかり場分岐を後に少し下ってダラダラッと上ると、30分ほどで**口長倉《くちながくら》**に出ました。周囲が刈り払われていて、上流に百四丈《ひゃくよじょう》の滝をかける丸石《まるいし》谷や新岩間《いわま》温泉へと続く林道が眼下に見えます。ここからいったん大きく下ると、左右の山腹伝いに、これも見事な**ブナの樹海**が広がっていました。前方に清浄ヶ原《しょうじょうがはら》の裾野が見え始めたところで小さくひと上りすると、チシマザサの中に**奥長倉の避難小屋**が現れました。

小屋の脇のベンチに腰を下ろし、さっそくビールを取りだします。凍った飲み物といっしょに包んできた極冷えビールで喉を潤し、明るいうちに夕食をとって、小屋の中で焼酎をチビリチビリ。早々にシュラフカバーに潜り込みました。

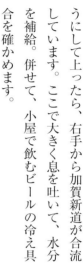

加賀禅定道

参考コースタイム

歩行時間／1日目5時間5分（加賀新道利用の場合は3時間40分）
2日目11時間35分
高 度 差／市ノ瀬〜室堂約1618m

ハライ谷登山口 — 3時間 — 檜新宮 — 15分 — しかり場分岐 — 30分 — 長倉山 — 1時間20分 — 奥長倉避難小屋（泊） — 15分 — 奥長倉 — 1時間 — 美女坂の頭 — 1時間 — 天池室跡 — 1時間10分 — 油池 — 2時間20分 — 四塚山 — 20分 — 七倉ノ辻 — 2時間 — 室堂 — 3時間30分〈砂防新道〉 — 別当出合

加賀新道登山口 — 1時間50分 — しかり場分岐

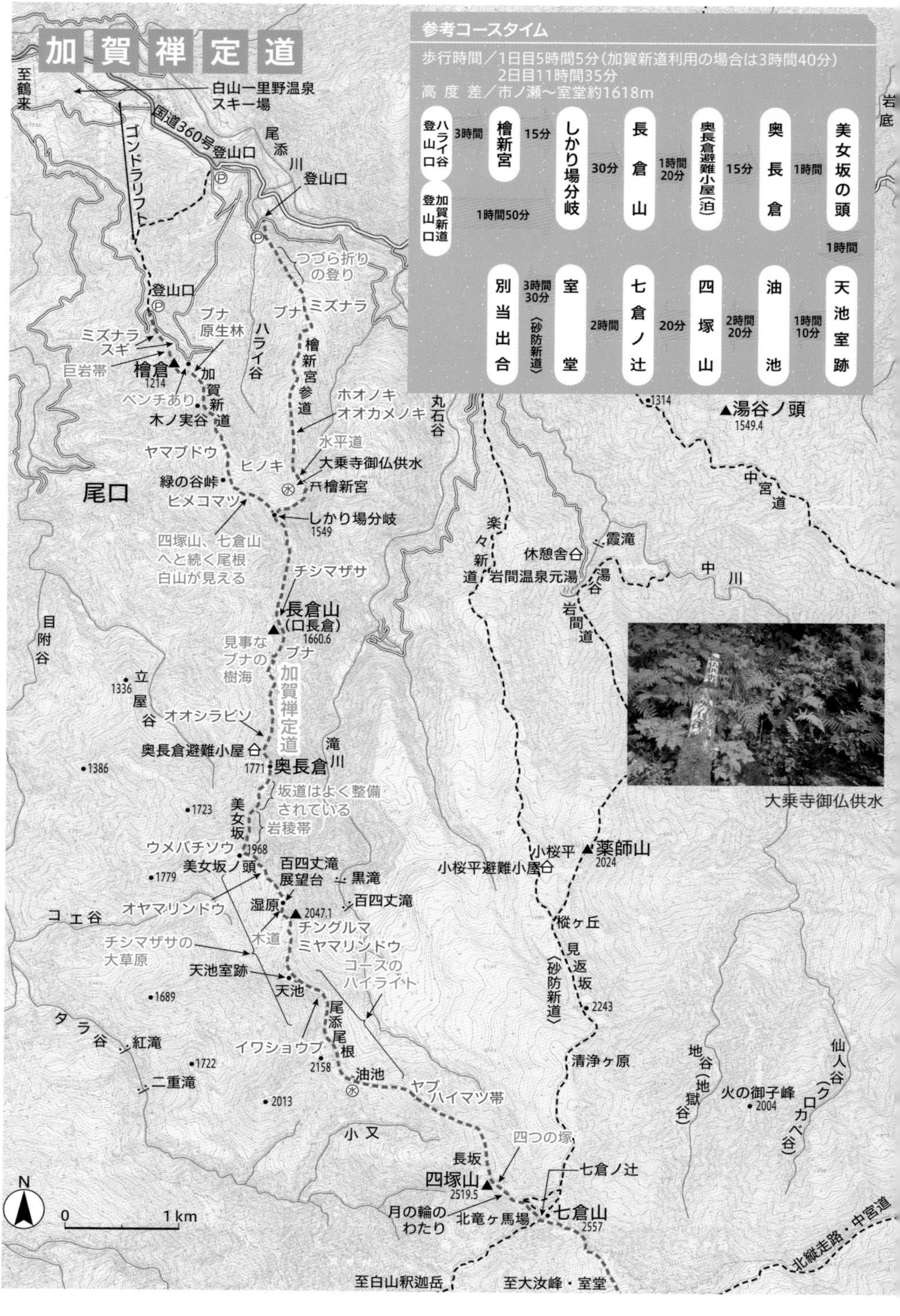

大乗寺御仏供水

奥長倉山を後に

美女坂の上り

【2日目】

＊奥長倉避難小屋～百四丈滝展望台～天池室跡

美女坂を上るとチシマザサの大平原

目覚ましコーヒーのあと軽く朝食をとり、小屋を6時に出発です。**奥長倉のピーク**まではほんのひと上り、チシマザサの中に標識があるだけの通過点です。ここから鞍部まで大きく下ったら、正面に**美女坂**《びじょざか》（美女岩坂）と呼ばれる長い急坂が立ちはだかりました。

美女坂の頭までの高度差は２００メートル余り。あるガイドブックに「最大の難所」と書かれていたのを思い出します。この坂は、女人禁制なのにしかり場分岐で引き返さなかった美女が、神の怒りに触れて石にされたところだそうです。坂は途中から段差が大きくなるもののよく整備されていて、ウメバチソウが咲く岩稜帯から難なく美女坂の頭に出ました。

コースが**チシマザサの大平原**に一変しました。オヤマリンドウが咲く木道伝いに歩き始めて間もなく、**百四丈滝の展望台**にさしかかりました。もちろんここは左手前方に寄り道です。見下ろすと、白い大きな水の束が、滝壺めがけて落ちています。それは見ているだけで、ドドーッという轟音とともに地響きまでもが伝わってくるようでした。

しばらく木道伝いに草原を行くと、湿原になったところで池塘が現れました。丸石谷の源頭部・滝川へとなだらかな山腹が続いていて、道端のいたるところにチングルマやミヤマリンドウが咲いています。

天池室跡はとても広い敷地です。周囲にめぐらされた石積みからも、相当大きな宿泊所だったことが伺えます。**天池**はそのすぐ下にあって、沸かせば飲めるとあるように水もきれいです。畔ではイワショウブが白い花をつけていました。

見事な草原が続く加賀禅定道天池付近

美女坂の頭に咲くウメバチソウ

＊**天池室跡〜長坂〜四塚山〜大汝峰〜室堂**

大トラバースを過ぎ長坂の上りへ

少し上って山腹を廻り込むと、油池に向けた**尾添尾根**の草原の大トラバースが始まりました。グーンと滝川の川床に手が届くあたりまで下ったら、グーンとゆるやかに上り返します。往時の登拝者たちにとって、一帯は別天地だったのではないでしょうか。奥長倉小屋のノートに、「今まで歩いた中で1、2を争うすばらしいコースだ」と書いてあったことがうなづけます。**油池**に出たところで、

百四丈の滝

四塚山へと続く長坂

天池室跡

長坂の上りに備えてひと息入れます。

四塚山へと続く**長坂**《ながさか》の上りは、チシマザサのヤブコギとハイマツの根っことの格闘で始まりました。とはいえ、坂そのものはなだらかなので、あれあれと言う間に**四塚山の山頂**に着いてしまいました。麓の尾添で悪さをしていた4匹の猫を、泰澄の弟子の行者が封じ込めたという言い伝えがあるところで、石を積んだ4つの大きな塚があります。（猫はその後許されて、一里野スキー場のあたりに棲みついたそうです）

四塚山を後に**北竜ヶ馬場（月の輪のわたり）**へとゆるやかに下って**七倉の辻**に出ました。そこから大汝峰との鞍部まで大きく下ると、今も御手水鉢《おちょうずばち》周辺に石積みが残る**加賀室跡**にさしかかります。大汝峰までは、ハイマツの中の長い上りです。

山頂にまつられている**大汝神社**にお参りしたら、その脇から深い緑の翠ヶ池を見下ろしながら**千蛇ヶ池**へと下ります。その先を少し上ったところから、現在は道になっていませんが、山頂に続くかすかな踏み跡があります。たどると、石垣と石仏が残る「**六道堂跡**《りくどうどうあと》」の前に出ました。この世での行い次第では、あの世で仏になることもできるという自戒の場でしょうか。禅頂の御前峰の山頂は、梯子を2、3度掛け替えたら届くあたりです。

登山メモ

《交通案内》

マイカー利用で国道157号を吉野谷村へ向かい、瀬戸野からさらに白山白川郷ホワイトロード方面へ向かって白山一里野へ。一里野スキー場を過ぎて坂道を登りきり、左へカーブするところの右手に新岩間温泉方面へのゲートのある林道が現れる。この林道を少し進むと、ハライ谷の橋を渡った右手に檜新宮参道の登山口が現れる。左手には車が3台ほど止められるスペースがある。

加賀新道コースをたどる場合は、白山一里野スキー場の中に乗り入れて、リフ

チングルマの実

石積みの塚が残る四塚山

加賀禅定道の長坂から四塚山周辺　六道堂跡に残る地蔵

ト乗り場の前から目附谷へと続く林道に入る。しばらく登るとゲートが現れる。そのゲートのすぐ手前を左へ鋭角に続く林道へと入り、スキー場の最上部を経て、さらに進むと右手に標識のある登山口が現れる。

バス便は本数が少ないので不便。

《アドバイス》

・加賀新道利用でイッキに室堂までという行程も組める。

・このコースは、登り、下り、いずれの場合も交通の便が悪いので、ピストン以外は複数の仲間とマイカーをうまく利用するしかない。

・一里野温泉スキー場のリフト終点から登山口までの林道は悪路なので、車体の低い車は不向き。

・水場は3カ所あるが、小屋の近くにないので、担ぎ上げる方が早い。

・雨漏りしていた小屋の屋根は修理ズミ。

・危険なところは特にないが、長いコースなので、天候の変化に対応できる装備・食料と心構えを。

《問い合わせ先》

白山市尾口市民サービスセンター

☎076(256)7011

《地形図》

二万五千分の一／市原・白峰・中宮温泉・新岩間温泉

五万分の一／白山・白川村

12

楽々新道と岩間道

新岩間温泉 ↓ 七倉山 ↓ 岩間の噴泉塔群

小桜平と清浄ヶ原のなだらかな広がりが魅力

歩行時間	1日目:11時間35分 2日目:5時間40分
標高差	七倉山まで約1757m

七倉山に延びる清浄ヶ原

【1日目】楽々新道

＊登山口〜楽々新道〜小桜平避難小屋）

急坂は傾斜がゆるくなるまでゆっくり

午前5時、山崎旅館前の駐車場を後にゲート脇から**楽々《らくらく》新道の登山口**へと向かいます。工事用林道の坂を25分ほど行くと左手に、「小桜平《こざくらだいら》〜室堂」と書かれた小さな標識が目にとまりました。

いきなり苔むしたブナの巨木の中の上りになりました。すぐ穏やかになり、絨毯を敷き詰めたような、フワフワした尾根道に出ました。傾斜はまずまず。樹林のトンネルの中は、腐葉土の匂いが充満しています。

ひと上りしたら、しばらく水平に近い道が続き、右手が開けました。目をやると朝陽を浴びた尾添尾根と、その尾根沿いに広がるブナの森が白く光っています。

古いヒノキが群生した岩混じりの道を行くと、背丈の低い明るい樹林帯にさしかかりま

巨大なヒノキ

苔むした樹林の中を行く

山崎旅館前の立派な駐車場

ダケカンバと真っ青な空の
見事なコントラスト

小桜平避難小屋の向こうに笈ヶ岳・大笠山を望む

した。そしてすぐ、最初の小ピークに向けた急坂が始まりました。そこを乗り越して、巨大ブナの根元まで歩いてとにかく休憩です。

ここからはところどころ段差が大きい上りになるので、次に傾斜がゆるくなるまでゆっくりと歩きます。草地の水平道に出たら、やがて明るい**ダケカンバ帯**です。そして再びヒノキの古木群に。道端にはオオカメノキやミツバツツジが垣根をつくり、足元ではギンリョウソウが顔を出しています。

視界が開けてくると、尾根歩きはますます楽しくなります。振り返ると、笈ヶ岳から大笠山にかけた白山北方稜線《ほっぽうりょうせん》の山々が間近に見えるようになります。が、**ヒメコマツ帯**に入ると視界は再び遮られ、チシマザサの中の岩混じりのぬかるんだ長い上り坂になりました。

丸太の階段をちょっと上ったら、池塘が点在する草原に飛び出しました。どうやら**小桜平**に出たようです。この日泊まる**避難小屋**

小桜平をすぎた地点で。池塘の向こうに広がる紅葉

が、北側に小ぢんまりと建っています。さっそく小屋に向かい、荷物を下ろしたら昼食です。

＊小桜平避難小屋〜七倉の辻〜避難小屋

火の御子峰の偉容など景観抜群

ひと息ついたところで、オオシラビソとチシマザサが茂る道を七倉の辻へと向かいます。見返り坂にさしかかる手前で東斜面に飛び出すと、地獄谷からそそり立つ赤茶けた火《ひ》の御子峰《みこみね》が真っ先に目に飛び込んできました。草木があって当たり前の地域で育った者には、火の御子峰はとても異様に映ります。

見返《みかえ》り坂を上り切ったら**清浄ケ原《しょうじょうがはら》**です。丸石谷の源頭部で、オオシラビソとハイマツ帯が続く、なだらかで広々としたところです。大汝峰に目をやりながら心地よく進むと、**七**

楽々新道と岩間道

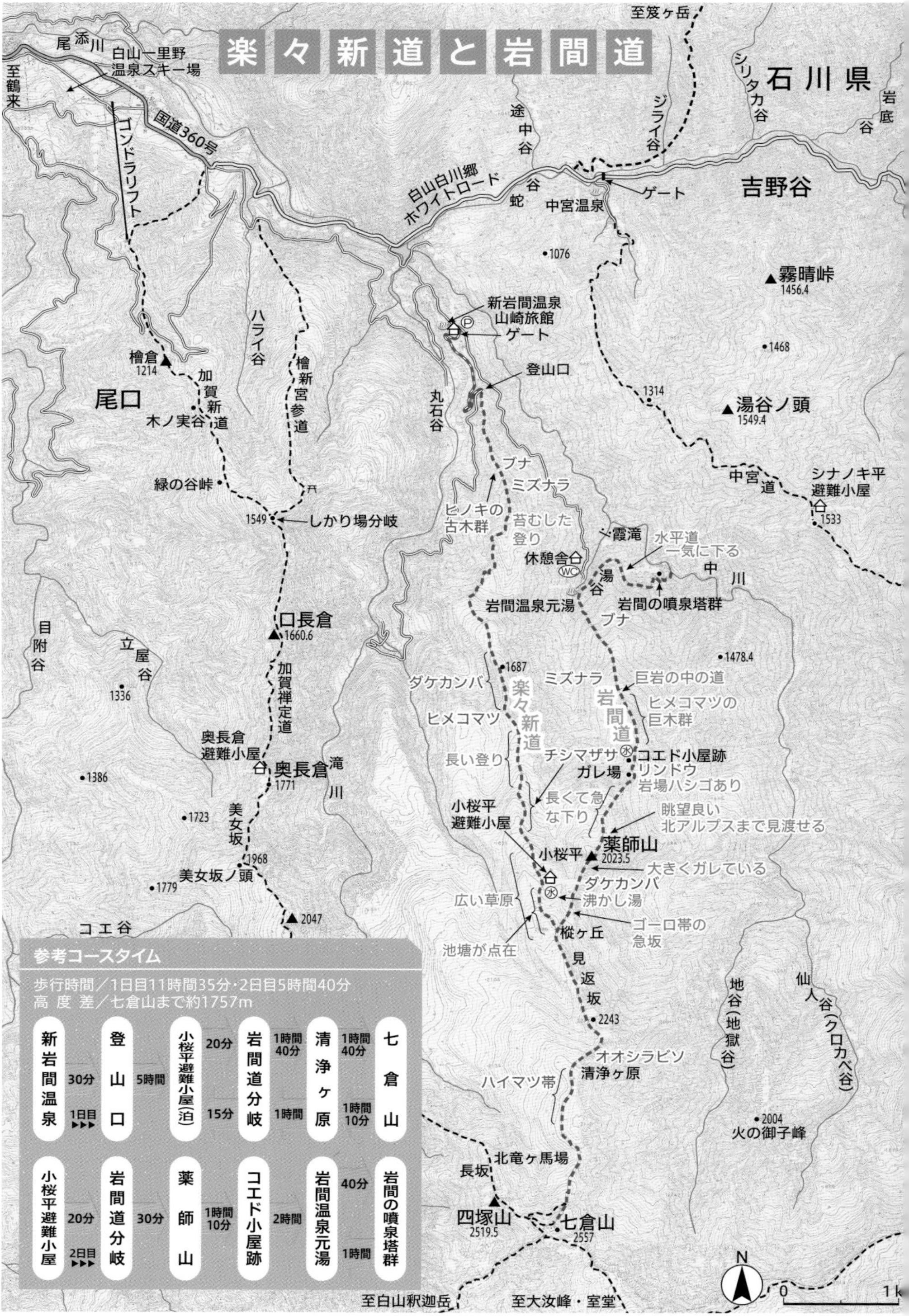

参考コースタイム

歩行時間／1日目11時間35分・2日目5時間40分
高 度 差／七倉山まで約1757m

1日目：新岩間温泉 →30分→ 登山口 →5時間→ 小桜平避難小屋(泊) →20分→ 岩間道分岐 →1時間40分→ 清浄ヶ原 →1時間40分→ 七倉山 →1時間10分→ 清浄ヶ原 →1時間→ 岩間道分岐 →15分→ 小桜平避難小屋(泊)

2日目：小桜平避難小屋 →20分→ 岩間道分岐 →30分→ 薬師山 →1時間10分→ コエド小屋跡 →2時間→ 岩間温泉元湯 →40分→ 岩間の噴泉塔群 →1時間→ 岩間温泉元湯

加賀禅定道の見事な尾根がすぐ隣に見える

地獄谷から突き上げる火の御子峰の偉容

なだらかな清浄ヶ原

七倉ノ辻まであとひと息

倉山が正面から迫ってきました。右手には、奥長倉から四塚山に続く加賀禅定道が手に取るように見えます。

七倉の辻まで歩いたら、小屋に引き返して乾杯です。ボイルしたウィンナーをパリッとかじると、熱々の肉汁がパッと口の中に広がります。間髪を入れずに極冷えビールをグイッと一口。その瞬間こそ、山歩きのヨロコビを実感するときです。

【2日目】岩間道

＊小桜平避難小屋〜岩間道分岐〜岩間噴泉塔群

ゴーロ帯やガレ場に気をつけながら

小屋で快適な一夜を過ごし、小鳥のさえずりで起こされたら、コーヒーで目を覚まします。小屋を出て背伸びをひとつ、久しぶりに岩間道に挑戦です。とはいってものんびり下るだけ。20分ほど上って**分岐**に出たら、石がゴロゴロしている坂道を寝ぼけた足取りで鞍

七倉山へ続くジグザグの道

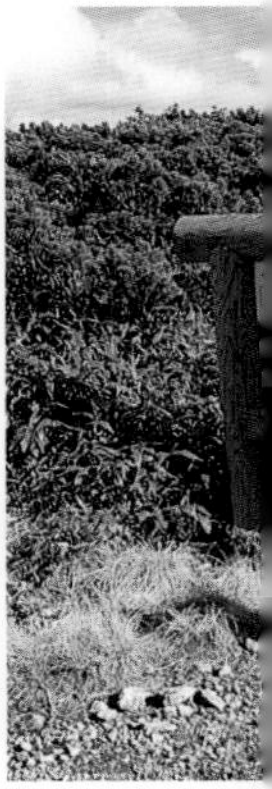

部まで下りました。しばらくはダケカンバの中です。山腹を横切り、火の御子峰や北方稜線に目を奪われながら**薬師山**《やくしやま》へと上り返します。

右斜面がガレていて、崩れかかった丸太の階段を上ると山頂に出ました。振り返ると、小桜平から清浄ヶ原、そして避難小屋の赤い屋根が、風景画のように見えます。北方稜線のはるか向こうには、槍ヶ岳や穂高岳がそびえていました。

笹に覆われた草地をしばらく下って、ひとつ小さくアップダウンしたら、今度はイッキに高度を下げる急坂下りが続きます。北斜面に出ると、こんどは地竹につかまらないとても降りれない、真っ逆さまの道になりました。

下り切ったところに、**丸太の階段**がつけられた大きな岩場にさしかかりました。左手一帯が開けて、楽々新道の見事な尾根が見え始めました。西側が崩れた狭い道を通過する

薬師山をめざして下る

岩間道分岐

と、**コエド小屋跡**にさしかかりました。湿地帯になっていて、水場のパイプから水が出ています。

少し上り返して、**ヒメコマツの巨木群**と巨岩帯が続く「岩間道」を進みます。段差の大きい坂にゆっくり足を運んでいたら、あたりは**ブナ林**になりました。大きく崩れた道を注意して通り、ヤマブドウのトンネルをくぐり抜けると、**岩間温泉元湯**に出ました。

昼食をとったら、空身で**岩間の噴《ふん》泉塔《せんとう》群**の見物です。山腹につけられた水平道を大きく回り込みながら、はるか下方の川床目がけてイッキに下ります。左岸沿いの踏み跡を川下の方にちょっと行くと、画像でよく見かける、あのカビだらけのヌルヌルした岩肌の上に、オッパイ形をした大きな岩が並んで湯けむりを上げていました。

岩場には丸太のハシゴが付けられている

登山メモ

《交通案内》

国道360号の白山一里野から主要地方道53号に入り新岩間温泉へ。車は山崎旅館の周辺に置く。

公共交通機関利用の場合は、北陸鉄道鶴来駅から白山一里野までバス（1日2本）で入り、新岩間温泉まで1時間半余りの歩きとなる。※2020年6月現在、新岩間温泉～岩間温泉元湯区間に崩落箇所があり通行止めとなっているため岩間の噴泉塔群への登山道は通行できません。

山崎旅館のすぐ先に、林道に入るゲートが2つあり、真っすぐ4キロほど歩いた元湯のすぐ上に岩間道の登山口が、右手に25分ほど登ると楽々新道の登山口が

白山手取川ジオパーク ～白山の見どころ～

岩間の噴泉塔群

温泉水に含まれている石火分が、地上に出ると凝固します。それが大きくなって塔のように発達したものが、中ノ川中流の川沿いに見られる噴泉塔です。中には1メートルを超える大きなものもあり、塔のてっぺんから湯を噴き出しています。

噴泉塔の成分は大部分が炭酸カルシウムで、噴出する湯の温度は100度近くに達っします。湯が流れ落ちる塔の表面が緑色になっているのは、緑藻類などの仲間が生息しているからです。

この岩間の噴泉塔群は、昭和32年に国の特別記念物に指定されました。

現れる

《アドバイス》

・楽々新道は危険なところはないが、岩混じりの粘土質の登りになるところは、滑りやすいのでゆっくりと。

・小桜平の水は沸かし湯で使えるが、水量が時期によって変わるので、あてにしない方がよい。

・岩間道を下る場合、前半急な下りが続くので、ヒザを痛めないようゆっくりと。

・岩の上を通過するところが1カ所あるが、濡れている時は潅木などにつかまって注意して。

・噴泉塔群に向かう道の沢筋に板張りの橋が架かっているが、濡れていて滑りやすいので、くれぐれも注意を。

《問い合わせ先》

白山市尾口市民サービスセンター
☎076(256)7011
新岩間温泉山崎旅館
☎076(256)7950
※期間外 ☎076(256)7141
(一里野高原ホテル)
北陸鉄道テレホンサービスセンター
☎076(237)5115

《地形図》

二万五千分の一／市原・白峰・中宮温泉・新岩間温泉
五万分の一／白山・白川村

13

北縦走路〜中宮道〈上部〉

三方岩駐車場 ↓ 北縦走路 ↓ 中宮道〈上部〉 ↓ 室堂

北弥陀ヶ原、お花松原の圧倒的な高山植物に魅せられる

歩行時間	1日目:8時間 2日目:6時間55分(室堂まで) 9時間15分(別当出合まで)
標高差	室堂まで約988m

北縦走路の向こうに残雪の白山

前日、別当出合に車を1台置き、白山白川郷ホワイトロードの中宮《ちゅうぐう》管理事務所で三方岩《さんぽういわ》駐車場での夜間駐車許可の手続きをして三方岩岳の登山口へと向かい、駐車場の隅で車中泊としました。

【1日目】北縦走路

＊三方岩駐車場〜三方岩岳〜もうせん平

白山白川郷ホワイトロードから便利に

この日の予定はゴマ平の避難小屋までです。小屋のそばに水場があるので、1日目の水分と、ビールにヤキソバ、2日分の行動食とコンロにコッヘル、タオルにシュラフカバーという最小限の荷物を持って、駐車場を後に最初のピーク・三方岩岳を目指します。

岩肌の斜面のあちこちに、オオバギボウシが薄紫の花をつけて咲いています。マルバマンサクやヒメコマツ、コメツガの木々をくぐり抜けて見上げると、逆光で陰になった黒い**越中岩**《えっちゅういわ》が迫ってきます。**加賀岩**《かがいわ》の真上のハイ

越中岩が近づいて来る

三方岩駐車場をあとにする

赤頭山付近の尾根

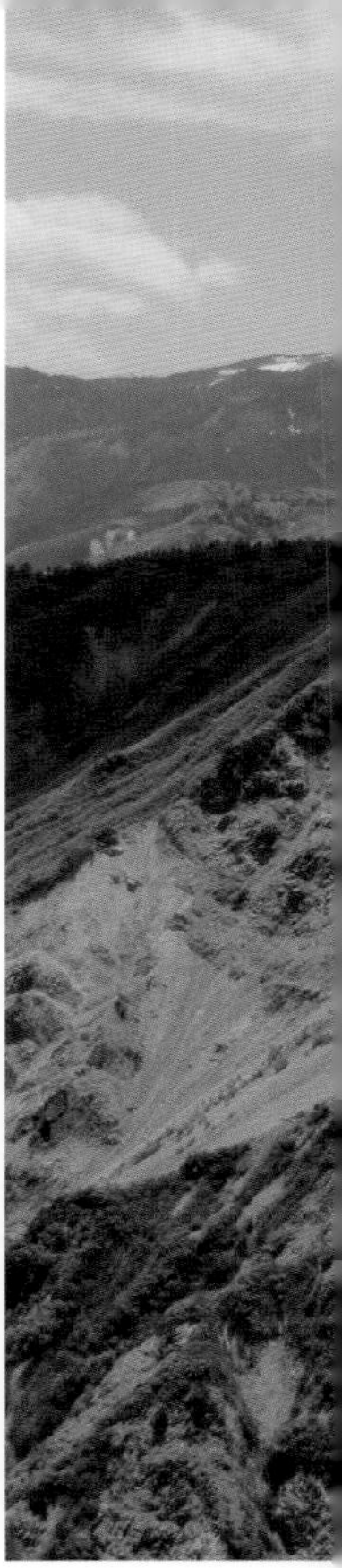

マツ帯に出たら、そのすぐ先が**三方岩岳の山頂**です。

朝の透きとおった空気を胸いっぱいに吸いながら、まずは笈ヶ岳《おいずるがだけ》に目をやります。それからぐるりと周囲を見渡し、北縦走路に視線を移し道程を追いながら覚悟を決めます。

飛騨岩《ひだいわ》を乗り越すようにして鞍部に降りて上り返したら、起伏の小さい尾根道が野谷《のだに》荘司山《しょうじやま》へと続きます。そろそろいいかなと振り返ると、計算通り一番絵になる飛騨岩が、すまし顔で白川郷を見下ろしています。

馬狩《まかり》の集落から**赤頭山**《あかずこやま》へと突き上げる鶴平《つるへい》新道の急尾根が左から合流すると、ひと上りで**野谷荘司山**です。ハクサンチドリが、いつもの場所で、まるで予約していたように出迎えてくれます。はるか下方には、鳩谷《はとがや》ダムのダム湖が碧い水を湛えています。はるか前方では白山が手招きしています。タオルははや汗でグッショリですが、山頂には木蔭がありません。木蔭の下でひと息つくことにして、

妙法山への上りはキツイ

もうせん平で大休止

少し歩いて坂を下ります。

もうせん平までは、そこから1時間足らずです。アップダウンを繰り返しながら鞍部に下ると、コメツガに囲まれた**もうせん平**の湿地帯に出ました。小さな池塘が2つ、3つ、それほど広くはありませんが、ホッとひと息入れたくなる北縦走路のオアシスです。

＊もうせん平～妙法山～念仏尾根～ゴマ平避難小屋

アップダウンが多く夏場は汗だく

美濃原山《みのはらやま》の山腹を巻くように進んだら、妙《みょう》法山《ほうざん》への急坂の取り付きまでの長い長い下りになりました。岩混じりの山頂に向けた炎天下のキツイ上りは、10歩進んで一服、5歩上っては一服を繰り返していたので、**妙法山頂**に着いたら12時になっていました。

ここも見晴らしは抜群です。北に三方岩岳、そのむこうに笈ヶ岳、南には三方崩山《さんぼうくずれやま》から遠く北アルプスから乗鞍岳、御嶽山まで望むことができます。とはいえここも木蔭なし。玉のように噴き出す汗をぬぐいながら、行動食を口にして水分をしっかりとります。

山頂を後に、拳大の石がガラガラした滑りやすい急坂を下って、**念仏尾根**《ねんぶつおね》に取り付いたところで、やっと木蔭にさしかかりました。ここで体温調整の休憩をとったら、ゆるやかなアップダウンを繰り返す念仏尾根をたどります。

右手から蛇谷《じゃたに》の上流のオモ谷が迫ってきたら、そのさらに上流のシンノ谷に向かってイッキに下ります。草地まで下りたらブナ林の向こうから沢音がして、シンノ谷に架けられた**鉄製の橋**が見えました。橋を渡って川床に下ります。手が切れるような冷たい水を両手ですくってゴクゴクッと飲むと、熱中症寸前だった体温が正常値にもどります。

生きかえったところで、生ぬるくなったポリ容器の水を捨てて沢水を汲み、見事なブナの中をジグザグと1時間余り高度を稼いで、ゴマ平の小屋に向かいます。右手からカエデ

北縦走路〜中宮道〈上部〉

参考コースタイム

歩行時間／1日目8時間・2日目9時間15分
高 度 差／室堂まで約988m

三方岩駐車場（登山口）	40分 1日目▶▶▶	三方岩岳	1時間30分	野谷荘司山	1時間	もうせん平	1時間20分	妙法山	1時間40分	シンノ沢	1時間50分	ゴマ平避難小屋（泊）
ゴマ平避難小屋	1時間25分 2日目▶▶▶	間名古の頭	1時間50分	地獄のぞき	30分	北弥陀ヶ原	1時間10分	お花松原	30分	ヒルバオ雪渓	1時間	大汝峰基部
大汝峰基部	30分	室堂	2時間20分（砂防新道）	別当出合								

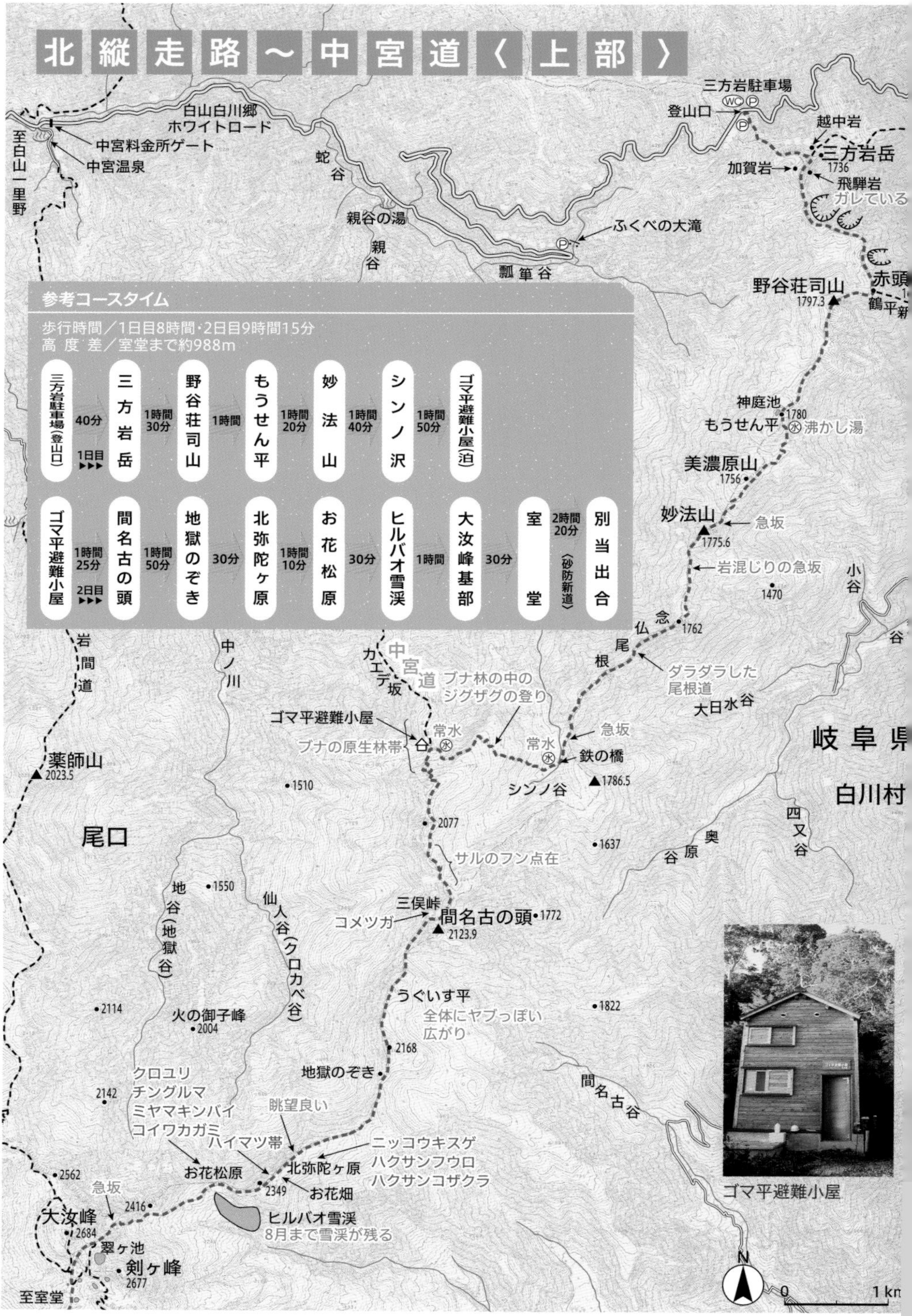

ゴマ平避難小屋

チシマザサが広がるうぐいす平

シンノ谷に架かる頑丈な鉄の橋

坂が近づいてくると道は水平になり、ゴマ平への下りが始まりました。足元がジメジメしてきたら水場です。そこから岩伝いに少し上がると、**ゴマ平避難小屋**の裏手に出ました。

正面に回ってザックを下ろしホッとひと息。なにはさておき、担いできたビールを開けてひと口、残りは夜に備えて冷やしておこうと水場に向かいます。小屋に引き返し中に入ります。2階建ての小屋は、広くてとても快適な作りです。

【2日目】中宮道〈上部〉

＊ゴマ平避難小屋〜三俣峠〜うぐいす平

辺りは動物たちの楽園、クマ対策を

午前4時半、ウグイスの鳴き声で目を覚ましました。ここから先は中宮道をたどります。ブナ原生林の山腹に続く道を30分ほど上ると尾根に出ました。シモツケソウが咲くチシマザサの中の水平道に、夏の陽射しが容赦なく襲いかかってきます。

北弥陀ヶ原の先に大汝峰と剣ヶ峰が並んで競うように背伸びしています。下りにさしかかると、火《ひ》の御子《みこ》峰《みね》のむき出しになった山肌が、朝陽を浴びて橙色に染まっています。**三《みつ》俣《また》峠《とうげ》**は小さく下って上り返したところです。新しいサルの糞が10メートルおきにあります。クマの好物のシシウドもふんだんにあります。辺りは動物たちの楽園のようです。

コメツガの尾根を15分ばかり行くと、**間《ま》名《な》古《ご》の頭《かしら》**にさしかかりました。頭とはいっても、樹林の中に続く水平道の途中にある何でもない通過点です。ここから山腹を横切って、小さく下って上り返すと**うぐいす平**です。前の日に通過したもうせん平より広がりはありますが、なんといっても奥深い山の中、湿地帯を灌木が一面覆っています。うぐいす平を後に、斜面を少し上って三方崩山を眺めていたら、近くで「ホー、ホケキョ」とうぐいすの鳴き声がしました。

地獄のぞきは尾根道の途中です。右手が刈

北弥陀ヶ原の広がり

北弥陀ヶ原に咲くニッコウキスゲ

お花松原で見られるクロユリの大群落

り払われていて、草木も生えない火の御子峰が威容を横たえているのが見えます。その向こうには、小桜平から延びる見返坂と清浄ヶ原、そして七倉の辻へと続く岩間温泉からの縦走路がこの地獄谷を見下ろしています。

＊うぐいす平～北弥陀ヶ原～お花松原～室堂

高山植物の大群落に迎えられる

これから先は、懐かしい**北弥陀ヶ原**へのゆるやかな上りです。斜面をぐるりと回り込むと、心なごむ草原に出ました。ニッコウキスゲがあちこちに残っています。すっかりお馴染のハクサンフウロ、ミヤマダイモンジソウ、ヨツバシオガマも迎えてくれます。池塘の先を染めているのはハクサンコザクラの大群落です。

背丈の高いハイマツ帯を上り切ると、お花松原に向けた下りが始まりました。視線を前方にゆっくり上げると、剣ヶ峰、大汝峰が間近に見えます。下り切ったら**お花松原**《はなまつばら》です。

クロユリが群生しています。それも半端ではありません。隣に目をやると、チングルマの群落が点在しています。ミヤマキンバイが咲く山腹は真っ青な空まで続いています。

ヒルバオ雪渓にさしかかったところで、この日一番の大休止です。

ジャムパンにかぶりつき、雪渓の氷るような水をポリ容器に集めてたらふく飲んだら、**大汝峰の基部**に向けた、最後の急坂上りです。

午後1時過ぎ、登山者でにぎわう**室堂**に着いたところで、夏の白山の人気を改めて思い知らされました。

お花松原に広がるミヤマキンバイとハクサンコザクラ

ヒルバオ雪渓

お花松原から大汝峰へ最後の上りに入る

お花松原から大汝峰基部へ続く中宮道

登山メモ

《交通案内》
マイカー利用。国道157号から白山白川郷ホワイトロードに入り三方岩駐車場へ。道路を挟んだ向かいが登山口。

《アドバイス》
・三方岩駐車場まで、誰かに車で送ってもらう必要があるのがこのコースの難点。
・行程は長いが、道はよく整備されていて、特にきついアップダウンはない。
・水場は、シンノ沢とゴマ平避難小屋のすぐそばにあり、どちらも涸れたことはない。
・クマなど野生動物の楽園でもあるので、春先や秋口に歩く場合は鳴り物を持つなどの対策を。

《問い合わせ先》
白山市吉野谷市民サービスセンター
☎076(255)5011

《地形図》
二万五千分の一／中宮温泉・新岩間温泉・白山
五万分の一／白山・白川村

14 中宮道〈下部〉

中宮温泉→ゴマ平→中宮温泉

紅葉を満喫できるビギナーにも優しい道

歩行時間	上り:6時間40分 下り:5時間10分
標高差	ゴマ平まで約1200m

イチイ坂の紅葉

中宮道の上半分にあたるゴマ平から室堂までの間は、〈上部〉として北縦走路と共に紹介したので、中宮温泉からゴマ平の避難小屋までの下部を歩いてみました。

＊登山口〜とちの木坂〜シナノキ平避難小屋

平坦で歩きやすい道が続く

午前7時半、**中宮温泉の駐車場**から湯谷沿いに工事用の道を歩き始めました。堰堤を過ぎてS字状の坂を上ると、右手の沢に橋が架かっています。対岸に渡り、**登山口**の案内標識のところから段差の大きい階段に取り付きます。さらに**手摺がつけられた急坂**の道を上ると、以前は畑だったのでしょうか、明るく開けた草地に出ました。

山腹をジグザグと上って行くと、ブナ林に包まれた**清浄坂**《しょうじょうざか》と呼ばれるあたりにさしかかりました。坂は30分ほどで終わり、先は平坦な道がブナのトンネルの中に続きます。

馬のせごの岩稜帯を過ぎると、湯谷《ゆだに》ノ頭の

スタート直後の階段の次は手すりを頼りに急坂を上る

登山口

標識が現れました。振り返ると、木々の枝越しに笈ヶ岳が見えます。湯谷ノ頭は標識からずっと上の方です。ここはピークを踏まずに直下の水平道を横切るように通過します。道は、炭焼きやゼンマイ採り、クマ撃ちなど山の生活者が重い荷を背負って行き来したことが伺える、働く人たち向きの歩きやすい作りになっています。

とちの木坂の標識が現れると、大きな下りになりました。右手には、加賀禅定道や楽々新道の長い尾根が見えます。やがて、**醍醐水**《だいごすい》と呼ばれるとちの木沢の水場にさしかかりました。水量はさほどではありませんが、1年中涸れることがない水場のようです。手のひらで口に含んでみると、枝沢特有の甘い水が喉を潤してくれました。

シナノキ平避難小屋は、この水場から30分ほどのところにあります。石積みの階段が現れると、その先でブナの巨木帯にぶつかりました。その左手に、しっかりとした作りの小屋が姿を見せます。ホーッと思わず声が出ました。物静かな周囲の雰囲気によく溶け込んだ小屋です。

＊シナノキ平避難小屋～カエデ坂～ゴマ平
眼下にはブナ林、眼前には白山主峰群

小屋の前で小鳥のさえずりを聞きながら昼食をとってから、空身でゴマ平へと向かいます。少し歩いて小屋を振り返ってみました。やっぱりいい場所に建てられています。水平道からダラダラッと鞍部に下ると、バカでかい**シナノキ**にぶつかりました。「旧シナノキ小屋」の立札のようなものがあります。水場は鞍部から30メートルほど下ったところのようです。

ここから**イチイ坂**が始まりました。このコースでは数少ない急な坂を、滝ヶ岳に向けて上ります。1時間ほどかかった上りもダケカンバ帯にさしかかると、もうわずかです。

カエデ坂の向こうに間名古の頭が立ちはだかる

急なイチイ坂の上り

滝ヶ岳の山頂直下につけられた平らな道に出たらひと息です。道の右手がガレたところを何カ所か通過して、ぐるりと左に回り込むと**石畳**が現れ視界が開けました。

白山の主峰群が眼前に迫っています。眼下には、白山では有数のブナの海が広がっています。左手の北縦走路の尾根が同じ高さで見えます。妙法山の尖りは手が届くほど間近です。

ここから１６００メートルあたりの鞍部まで大きく下ると、１８５０メートル地点にあるゴマ平の小屋に向けて**カエデ坂**の長い坂道上りです。**ゴマ平**まで歩いたら、元来た道をシナノキ小屋にひきかえし、担ぎ上げたビールを片手に表に出ます。木々に包まれての心地よい酒盛りは、周囲が薄暗くなるまで続きました。

登山メモ

《交通案内》

マイカー利用で国道１５７号から白山白川郷ホワイトロードに向かう。一里野を経て、白山自然保護センター中宮展示館前を過ぎた先で、中宮温泉の案内板が現れる。案内に従って湯谷に沿って右折し、少し登ると中宮温泉に着く。ここから湯谷沿いの林道を15分ほど登ると、堰堤の上に橋が架かっていて、対岸に登山口の案内がある。

《アドバイス》

・ゴマ平までなら十分に日帰りができる。
・水場は2カ所。醍醐水もゴマ平の水も涸れることはない。
・危険なところは特にないが、小さくガレたところが数カ所あるので注意。

《問い合わせ先》

白山市吉野谷市民サービスセンター
☎０７６(２５５)５０１１

《地形図》

二万五千分の一／中宮温泉・新岩間温泉・白山
五万分の一／白山・白川村

中宮道〈下部〉

シナノキ平避難小屋

参考コースタイム

歩行時間／登り6時間40分・下り5時間10分　高度差／ゴマ平まで約1200m

区間	登り	下り
中宮温泉駐車場〜登山口	15分	10分
登山口〜清浄坂	35分	20分
清浄坂〜水平道	40分	30分
水平道〜とちの木坂	50分	30分
とちの木坂〜水場(醍醐水)	10分	10分
水場(醍醐水)〜シナノキ平避難小屋	30分	20分
シナノキ平避難小屋〜シナノキの巨木	30分	40分
シナノキの巨木〜滝ヶ岳	1時間	30分
滝ヶ岳〜カエデ坂取り付き	40分	1時間
カエデ坂取り付き〜ゴマ平	1時間30分	1時間

15 鶴平新道

大窪集落跡 → 鶴平新道 → 赤頭山

花と眺望が楽しめる上り甲斐のあるコース

歩行時間	上り:3時間10分 下り:2時間
標高差	赤頭山まで約1010m

間近に迫る赤頭山

岐阜の白川村から三方岩岳に登り、北尾根をたどって御前峰に向かう道は、古くから信仰登山の道でした。昭和48年に鶴平新道が開通したことで、北縦走路は白山登山のロングルートとしても、利用されるようになりました。

東海北陸道の白川郷《しらかわごう》インターを降り、**道の駅白川郷**に立ち寄ります。身支度をすませ集落の方に目をやると、鶴平新道《つるへいしんどう》の尾根が真っ青な空に延びる北縦走路へと突き上げているのが見えます。

国道を南下して、白山白川郷ホワイトロード（旧白山スーパー林道）の案内に従って右折します。坂道をしばらく行くと、移築された2棟の合掌づくりが並んでいる十字路にさしかかりました。

登山口への道はトヨタ自然学校の前から

ヤマツツジが咲いている

鶴平新道登山口の傍らに鶴平の墓

かつて馬狩茶屋《まかりぢゃや》（そば屋）だったところで、現在は旧茶屋も含めて一帯が**トヨタ自然学校**になっています。

＊**登山口〜主尾根〜1602mピーク**

尾根をめざし傾斜のある樹林帯を進む

登山届ボックスが設置された十字路を左へ、ひとっ走りで**大窪《おおくぼ》集落跡**に出ました。杉の大木の根元に、鶴平さんの生家・**大杉家の墓**と**鶴平新道登山口**の案内が見えました。その先の草地に、車が7〜8台置けるスペースがあります。この日は平日にもかかわらず、名古屋、高崎、石川ナンバーの3台の車が止められていました。

墓地の脇から、タニウツギが覆いかぶさるように茂る道を歩き始めます。すぐに、ヤマモミジやミズナラに包まれた樹林帯になりました。緩やかに蛇行しながら上るとブナ林となり、傾斜もキツくなってきました。一冬を耐えた落葉の隙間から、銀の竜そっくりのギンリョウソウが、ひとかたまりになって頭を出しています。それを合図に、白い小花をつけたユキザサやチゴユリ、マイヅルソウが、次々と姿を現して目を楽しませてくれます。

ざらざらした砂地の**滑りやすい急坂**を青い空を目がけて上ると、木々の枝越しに鳩ヶ谷ダムが碧い水を湛えているのが見えるところに出ました。支尾根から再び山腹に沿って急坂を辿り、主尾根の末端に取り付きます。ヨウラクツツジが、ちょうど目の高さの位置で、あちこちに咲いていました。

ヒメコマツの大木が見えたら、**主尾根**に出ました。ここから先は、明るい尾根の上りとなります。雪解け直後の6月初旬は、花たちが一斉に咲く季節です。アカモノ、イワカガミ、ミツバオウレン…。草も木も花も、生き生きと輝いています。

道がなだらかになり、木々の背丈が幾分低くなると、ミツバツツジの向こうに、

赤頭山へと続く鶴平新道の尾根

群生するアカモノ

群生するミツバオウレン

タムシバが咲いている

1602メートルピークが現れました。そのピークの左奥に、残雪を戴いた白山の剣ヶ峰あたりが見えます。イワカガミが群生する坂道を上ってタムシバの脇を通過すると、ピークが間近に迫ってきました。上から、走るように下ってきたのは、高崎ナンバーの年輩男性です。200名山、300名山を登り終えて、1000名山を目標に山のハシゴをしているのだそうで、「昨日は大崩山、明日はブナオ峠から猿ヶ山、来週は北海道です」と、元気に下って行きました。

＊1602mピーク〜赤頭山〜野谷荘司山

合掌造りの集落やダム湖が眼下に

岩礫帯のヤセ尾根をたどってピークに出たら一休みです。そこから小さく下ったら、赤《あか》頭山《ずこやま》への最後の上りです。滑りやすい急坂と、両側がスパッと崩れて切れ落ちたヤセ尾根を、慎重に進みます。**赤頭山**は、鶴平新道が北縦走路に合流したところの呼び名で、北

鶴平新道

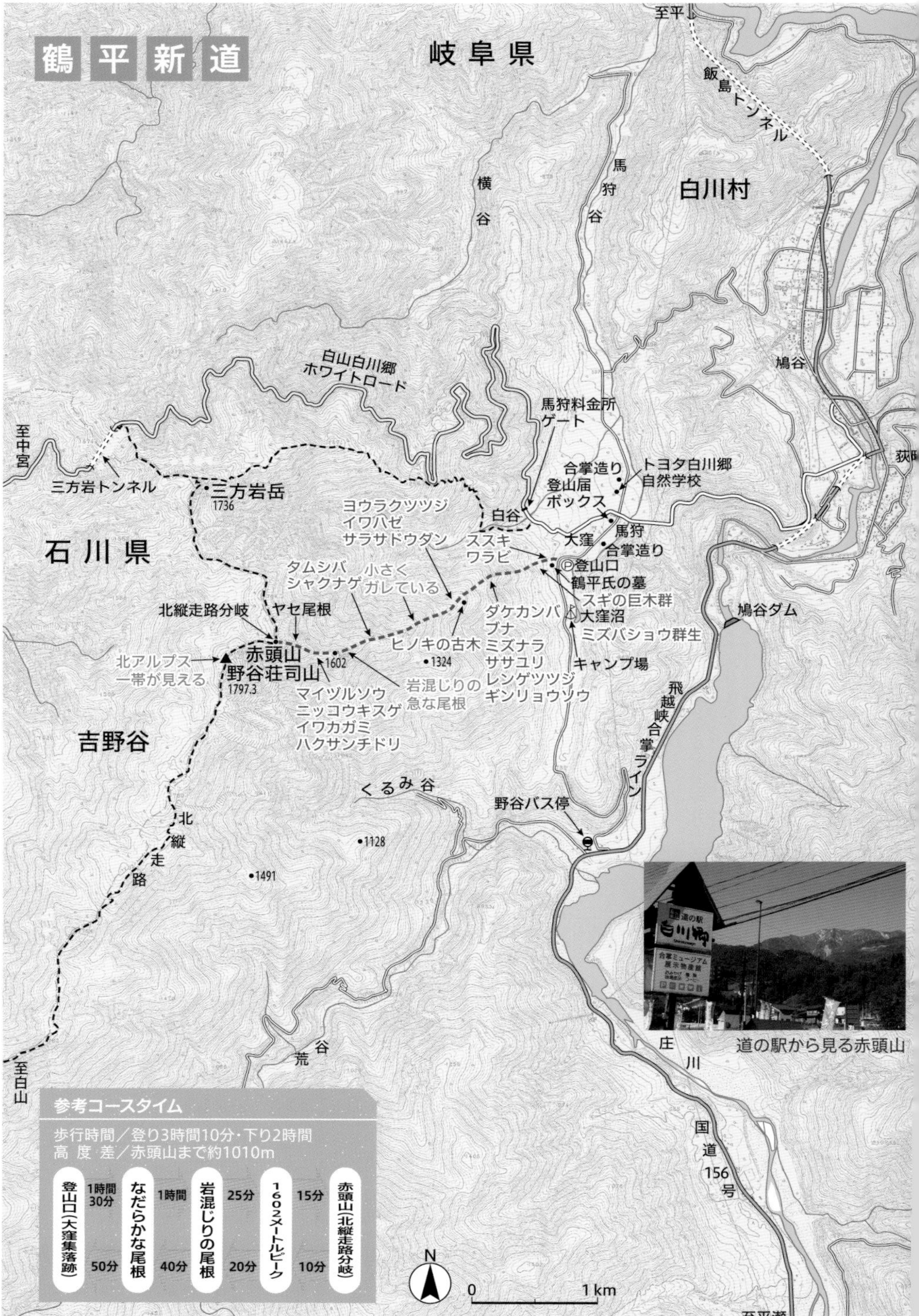

道の駅から見る赤頭山

参考コースタイム

歩行時間／登り3時間10分・下り2時間
高 度 差／赤頭山まで約1010m

登山口（大窪集落跡）⇄（登り1時間30分／下り50分）なだらかな尾根 ⇄（登り1時間／下り40分）岩混じりの尾根 ⇄（登り25分／下り20分）1602メートルピーク ⇄（登り15分／下り10分）赤頭山（北縦走路分岐）

鳩谷ダムを眼下に赤頭山の最後の上り

縦走路の通過地点です。足元に、このあたりでいつも見かけるハクサンチドリが咲いています。

野谷荘司山への上り坂になったところで、上から下りてくる真っ黒に日焼けした年輩男性と目が合いました。あいさつしようと、互いに見合って「あれっ」と同時に声が出ました。「いやあ、石川ナンバーが止まってましたが、まさか」「奇遇ですね」となったのは、親しくしていただいている加賀山岳会の重鎮で、昭和15年生まれのお２人。「いやあ、登り甲斐がありますね、このコース」となりました。

野谷荘司山は山頂らしくない通過点ですが、少し広くなっていて三角点が置かれています。もうせん平の方角に目を移すと、妙法寺山や念仏尾根、そしてシンノ沢の切れ込みから大汝峰へと北縦走路が延びているのが見えます。眼下には合掌造りの荻町《おぎまち》集落、鳩ヶ谷ダム湖、人形山から籾糠山《もみぬかやま》へと続く大きな尾根、その南に大崩山や御母衣湖《みぼろこ》と、白川村が一望できます。

もうせん平の方から年配のご夫婦がやってきました。名古屋ナンバーの方で、「ちょっとそこまで行って引き返してきました」と、ゆっくり赤頭山へと下りて行きました。

鶴平新道は、高度差は１０００メートルほどですが、スタートしたら延々と登り続けなくてはならず、尾根に出るまでひと息入れる水平道がほとんどありません。そういう点では、白山登山のコースの中で、間違いなく「登り甲斐のある」魅力的なコースです。

野谷荘司山山頂から白山を望む

登山メモ

《交通案内》

白山白川郷ホワイトロード岐阜県側入り口手前の馬狩集落にあるトヨタ自然学校の前から大窪集落跡へ。左手にある合掌造りの納屋のすぐ先右手に大きなスギの木があり、大杉家の墓が建っているところが登山口。すぐ先の左手に駐車スペース有り。

平瀬泊まりの場合は、国道156号を鳩谷ダムのバックウオーター沿いに白川郷に向かい、野谷のバス停のすぐ先を左にUターンするように入り、大窪沼を過ぎてすぐ先が登山口。

《アドバイス》

・危険なところは特にないが、尾根に出るまで長い上りが続く。

・赤頭山直下の岩混じりのヤセ尾根通過は、少し注意が必要。

・水場はない。

・前泊の場合、荻町には民宿が、平瀬には旅館がある（頼んでおけば、ニギリ飯なども作ってくれる）。コンビニは鳩谷に1軒あるのみ。

《問い合わせ先》

白川村役場産業課☎05769(6)1311

白川郷観光案内所☎05769(6)1013

白山タクシー☎05769(5)2341

《地形図》

二万五千分の一／中宮温泉・新岩間温泉・鳩谷・平瀬

五万分の一／白川村

16

笈ヶ岳

中宮展示館前

冬瓜山 ↓ 笈ヶ岳

久弥が憧れた名山 白山修験の行場を 残雪期に目指す

歩行時間	上り:8時間30分 下り:6時間20分	熟達者向け
標高差	約1220m	

加賀市の柴山潟より眺めた笈ヶ岳（右）と大笠山（左）

『日本百名山』あとがきに「加えたかった」

「笈ヶ岳《おいずるがたけ》」という山があることを知ったのは、石川県に移り住んでしばらくしてからでした。加賀市出身の深田《ふかた》久弥さんが『日本百名山』のあとがきで「できれば百名山に加えたかった」と書いていることで有名になったようです。

調べてみると、笈《おい》は修験者や修行僧が背負った葛篭《つづら》のことでした。明治38年に陸軍の陸地測量部が三角点を設置した際に、山頂に埋められていた中世の経塚から仏像や経典が発見されたことから、笈ヶ岳が白山修験の行場だったとわかりました。当時は山岳修行をする人たちが銅製の経筒《きょうづつ》などに経典を入れて山頂などに奉納する習慣があったようで、武蔵野国（埼玉県東松山市）の僧侶が諸国を廻った折に立ち寄って奉納したものも見つかり、東京国立博物館に収納されているそうです。

ジライ谷のそばにある休憩小屋

ジライ谷への遊歩道は中宮展示館脇から

急登を30分ほどいくとヤマザクラが出迎えてくれる

もうひとつ興味を持ったのは、登山道がない山だということでした。知り合いの話では、かなり上まで踏み跡があるとのこと。そこで、車道の除雪が終わる5月の連休明けに、中宮展示館からテントを担いで1泊2日で山頂を目指しました。

【1日目】

＊登山口～1271mピーク～冬瓜山

踏み跡が確認できるのは冬瓜山まで

午前6時、**中宮展示館**前の駐車場から歩き始めました。展示館前の広場では、猿の家族が群れています。一帯は猿やクマ、カモシカなど野生動物の楽園です。

丸太の階段を上って、枝沢が雪渓に覆われた水平道を進むと、**野猿《のざる》広場**に出ました。ジライ谷のそばに**休憩小屋**があって、上流に滝が見えます。雪どけ水が勢いよく流れるジライ谷を渡り対岸に出ると、しっかりした踏み跡が取り付きまで案内してくれます。

最初のピークから見る冬瓜山

ジライ谷からの急登の苦しさを癒してくれるミツバツツジ

いきなりの急登です。半ばガレ場混じりの岩登りです。坂を30分ほど登ったところで、手ごろな岩に腰かけて一汗ぬぐいます。ミツバツツジやタムシバ、ショウジョウバカマやカタクリが、いたるところに咲いています。

急坂は、**1271メートルピーク**まで続きました。踏み跡は明瞭で、迷うことはありませんが、アルコールを多目にしたからか、年齢のせいか、思うようにピッチが上がりません。立ち止まって右手前方へとシリタカ谷の切れ込みを目で追うと、雪を戴いた冬瓜山《かもうりやま》にぶつかりました。ピークから先も踏み跡は続きます。

中宮発電所からのコース・山毛欅《ぶな》尾山《おやま》から続く尾根に出る手前から残雪の道になり、尾根に出たらすっかり雪に覆われていました。**合流点**のブナの木に目印が取り付けられていますが、帰路、うっかり見過ごしそうなので、赤布をもうひとつ結わえ付けておきます。

残雪の中に踏み跡が確認できるのは**冬瓜山**までです。空模様が怪しくなり、雨がポツリポツリと降ってきました。**ナイフリッジ**になった冬瓜山の岩稜ピークは、左手の冬瓜平を大きく巻くのが一般的なようですが、ここはアイゼンを着けて、切れ落ちたシリタカ谷側を、岩稜の下から小さく巻き、冬瓜山直下の平坦な広場に出ました。

この日はシリタカ山の先にテントを張る予定でしたが、雨が激しくなってきたので早々にテントを張って潜り込みます。飲み物とつまみはたっぷり。誰にも邪魔されない、シアワセなひと時です。

【2日目】

＊シリタカ山〜岩壁〜笈ヶ岳山頂

尾根をめざし傾斜のある樹林帯を進む

夜通し降っていた雨が上がったところで外に出ました。一面乳白色で何も見えませんが、尾根がはっきりしているので出かけることにします。**シリタカ山**の先の**1640メー**

笈ヶ岳
参考コースタイム
歩行時間／登り8時間30分・下り6時間20分
高 度 差／約1220m
中宮展示館 30分 ジライ谷 3時間 1271メートルピーク 2時間 冬瓜山 30分 シリタカ山 1時間30分 三方岩岳からの尾根との合流点 1時間 笈ヶ岳
中宮展示館 20分 ジライ谷 2時間30分 1271メートルピーク 1時間20分 冬瓜山(泊) 15分 シリタカ山 1時間15分 三方岩岳からの尾根との合流点 40分 笈ヶ岳
※雪の状態によってコースタイムは変わる
吉野谷
大笠山
1821.8
1552
1522
富山県
上平
水晶谷
石川県
1543
笈ヶ岳
1841.4
1296
三方岩方面からの
尾根に合流
うるさい
ブッシュ
シャクナゲ
大きな岩壁にぶつかる
左下から大きく巻く
清水谷
1583
岐阜県
テント適地
ブナオ山からの
コースとの合流点
（目印のテープあり）
冬瓜平
テント適地
シリタカ山
1699
白川村
冬瓜山
1627.9
ブナ
仙人窟岳
1747
1418
ブナ
岩稜帯
ナイフリッジ
※最後の岩稜帯は
右下から巻く
至山毛欅尾山
タムシバ
イワウチワ
ショウジョウバカマ
1646
1271
ピーク
1259
岩底谷
リスと出合う
ミツバツツジ
シリタカ谷
途中谷
サルの楽園
ジライ谷
国見山
1690
中宮展示館
休憩小屋
岩混じりの
急な登り
蛇谷
白山白川郷ホワイトロード
P
WC
野猿広場
至一里野
登山口
ゲート
湯谷
中宮温泉
親谷の湯
姥ヶ滝
尾口
中宮道
親谷
至ゴマ平
N
0
1

冬瓜山直下にある格好の幕場

冬瓜のナイフリッジと呼ばれるヤセた岩稜帯

トルピークから、いったん下って上り返すと、**岩壁**にぶつかりました。右か左か迷った末、基部を右手に回り込んで、岩溝の雪壁伝いにピッケルを使って強引に上ると、シャクナゲが茂る尾根に出ました。

しかし、笈ヶ岳へと続く北方稜線なのかどうか、ガスのため見当がつきません。30分ほど待っていたらガスが切れて、笈ヶ岳のピークが現れました。ホッとして雪の尾根をたどります。**小笈**《こおいずる》から笈の山頂まではすぐです。チシマザサに足をとられながら西斜面を回り込んで**山頂**に出ました。

広さは20畳ほどでしょうか。金沢山岳会が立てた標柱がひとつ、埋め込まれたケースの中に、登山ノートがあります。開いてみると、地元はもちろん、関東の岩場で知り合った「登り屋」の異名をもつクライマーの名前も見られます。

山頂を後に小笈まで下ったら、ガスが晴れてきました。岩壁のところまで戻ったら、ブッシュ伝いにかすかな踏み跡を発見。難なく基部に下りることができました。シリタカ山を乗り越す頃には、天気はピーカン状態になりました。春の雪山特有の陽射しに、肌をチリチリと焼かれながら中宮展示場へと下りました。

真っ青な空に突き上げるブナ

登山メモ

《交通案内》

マイカー利用。国道157号を白山白川郷ホワイトロードへ。一里野スキー場を経てしばらく進むと、左手に中宮レストハウスの駐車場がある。そこに駐車し徒歩で登山口に向かう（中宮展示場の駐車場は来館者専用）。

幕場から見た笈ヶ岳

ガスの中の笈ヶ岳山頂

ガスが晴れ、山頂が姿を現す

《アドバイス》

・経験者向きの山。紹介したコースは最も短時間で登れる。
・取り付き点はジライ谷を渡り、谷沿いに少し登った所。ここからしばらくは急傾斜なので注意。
・ブナオ山からのコースとの合流点には、目印をつけておくこと。
・冬瓜山の乗り越しは、ヤセた岩稜帯となっているので要注意。最後の岩稜にぶつかったら、直上せずに右下から巻く。傾斜がきついのでアイゼンは必ず装着すること。
・北方稜線にぶつかるところで岩壁に行く手を遮られるが、ここは少し戻って左からチシマザサをヤブコギ気味に直上する。
・雪の状態にもよるが、じゃまでもアイゼンは装着した方がよい。
・幕場は冬瓜山を乗り越したところから先、至るところにある。
・最も一般的なコースは、一里野付近からブナオ山を経て冬瓜平、シリタカ山へと続くコースである。

《問い合わせ先》

白山市吉野谷市民サービスセンター
☎076(255)5011

《地形図》

二万五千分の一／中宮温泉
五万分の一／白峰・白川村

楽しく安全な登山のために

白山の楽しい歩き方

白山はとても穏やかな山です。登山道ははっきりしていて、危険なところもほとんどなく、安心して歩ける山域です。

とはいっても、簡単に歩ける山ということではありません。一部のコースを除いて、どのコースもある程度まとまった時間を歩かないと山頂にたどりつくことはできません。また、一定の標高がありますから、天候が悪いとさんざんな目に遭います。

楽しい山歩き実現のために、次のことを参考にしてください。

1 まず好天であること

「山頂に出たらピーカンだった、なんて山はやりたくない」という豪傑もいますが、自然を相手にするときは、やはり天気の良いほうが楽しくて安全です。夏山の天気はほとんど平地と変わりませんから、天気予報をしっかりチェックすることが大切です。

2 一定時間を継続して歩けること

砂防新道、平瀬道なら4時間余り、観光新道なら5時間ほど歩けば室堂に着きますが、それ以外のワクワクするようなコースはほとんど、1日に8時間から11時間歩かないとその日のうちに目的地に着くことはできません。

山は慣れです。歩き慣れた人は、コースに合った心構えと、体力に見合うペースをすぐにつくれます。しかし、大きな山を歩いているからといって、必ずしも特別な体力とか筋力があるわけではありません。山に出掛ける機会を多くして少しずつ慣れることが、自分の力を知る早道です。

3 植物の名前を知ろう

恥ずかしい話ですが、白山を歩くまで花の名前をほとんど知りませんでした。それまでは、花を見るために山に登ったことがありませんでしたが、あまりにも花がきれいなので、花ガイドを手に歩き始めました。初めのうちは、ハクサンフウロ、ハクサンフウロと唱えても三歩も歩けば忘れる、まるでニワトリでした。それでも、何度か繰り返しているうちに覚えるものです。そして、覚えると楽しみが増えるから不思議です。

4 写真を撮ろう

絵心のある人なら、スケッチブックを手にとなりますが、絵心がなくても、写真というのがあります。証拠写真、記念写真、なんでもいいと思いますが、感動をカメラに収めて、あとで眺めるのは楽しいものです。

5 体力に合った計画を立てよう

山は「どこからどこまで何時間で歩かなくてはならない」なんて、決まっていません。自分のペースを守り、コースタイムに振り回されないようにしましょう。

山歩きを楽しむためには、小屋を上手に利用して、あまりくたびれないようにすることが大事です。

6 楽しい避難小屋利用

幕営地は南竜ヶ馬場だけという白山を歩く上で、避難小屋利用は欠かせません。釈迦新道を除くどのコースにも避難小屋があって、シーズンともなると、小桜平やゴマ平など混む小屋もあるようです。しかし、ちょっとシーズンをはずすと、ほとんど同宿者のいないのが実態です。テントと違って雨風の心配もなく、快適そのもの。食事や宴会もおおいに盛り上がり、一日の疲れが吹っ飛んでしまいます。

好天に恵まれた中宮道、北弥陀ヶ原で見られるハクサンコザクラの群落

山で事故を起こさないために

自然が相手ですから、100パーセント安全ということはありません。しかし、大小にかかわらず、「あれは仕方がない」といえる事故は、ほとんどないのが現実です。言い換えれば、「こうしておけば防げたのに」という事故ばかりといっても過言ではありません。これは、初心者からベテランといわれる人にまで共通しているようです。

そこで、どうすればケガをしたり事故に遭う確率を減らせるか、夏山の縦走に絞って考えてみます。

1 自分に合ったコースの選定を

砂防新道で、自衛隊の訓練に時折り出会います。別当出合から御前峰までピストンするのですが、毎回必ず、足を引きずっている方を目にします。ひざ痛やねんざだと思います。多分、ペースに体力がついていけなかったのでしょう。

体力のある人たちでもそうですから、体力が衰え気味の中高年、あるいは山歩きの経験の少ない人は、自分の体力や体質、体調、能力などを把握して、慎重にコースを選んだ方がよいと思います。

目安のひとつは、エリアマップなどに記載されている参考コースタイムで、5~7時間無理なく行動できるかどうかです。山で遊ぶのに、あのコースタイムに縛られる必要は全くありませんが、コースの選定、行動の予定を立てる上では参考になります。

経験では、散歩程度のゆっくりしたペースで、しかも写真を撮りながら歩いて、さらに休憩を含めて(50分歩いて10分休憩)、大体あのコースタイムになります」。

2 好天を確認して出掛けること

夏山の天気は、地上の天気とほぼ同じと考えてもよいと思います。誰でも晴れマークが続いている時に出掛けたいと思いますが、休日と好天は必ずしも一致してくれません。そこで少々ムリして、雨天も半ば覚悟で出掛けることがあります。下山と同時に降り出せばラッキーですが、スタートしてまもなくの雨では、訓練ならともかく、嫌なものです。

下手な写真を撮らなくてはならな

自分の体力に合わせてコースを決めよう

いハメになって以来、好天を最優先して出掛けるようになってから雨に遭ったのは下山時に数度だけ。迷ったときはほとんど中止にしています。

3 早発ち、早じまい

砂防新道を下りているとき、随分遅い時間に中飯場あたりから登ってくるパーティーに出会うことが何度かありました。その多くが、あまり山慣れしていない、あるいは初めてのような人たちで、ペースもかなり遅く、中には動けないに近いようなメンバーをかかえているパーティーも見かけました。あの分では、室堂や南竜山荘に到着するのは午後6時過ぎ、7時過ぎになるのではと心配になることがありました。

夏山の天気は平地とほぼ同じとい

いましたが、午後になるとガスが出てきたり、冷たい風が吹いてきたり、雨になったりするのは平地と違っている点です。山での行動は午後3時までに終えると考えて、出発時間を決めた方がよいと思います。

4 基本装備は忘れないこと

装備というと大げさですが、地図、コンパス、ヘッドランプ、雨具、替え下着、食糧、水が基本です。無人小屋利用の場合は、コンロ、コッヘル、マット、シュラフカバーぐらいは必要です。

ツェルト（簡易テント）については、非常用にコンパクトなものを常に持つことをおすすめします。これは、例えば道に迷って暗くなってしまい、山の中で一晩明かさなくてはならなくなったときや、ねんざなどで動けなくなって、救助を待つ必要がある場合に威力を発揮します。それ以外にも、雨や風よけに役立ちます。冬山では、ツェルト一枚が生死を分けるといわれています。夏山でも、高度のある稜線などで雨に見舞われた時、ツェルトを被って休憩したり食事をとって、体力の消耗を防ぎます。

5 危険箇所の通過は慎重に

滑ったり転んだりしたら、数十メートル、数百メートル単位で落ちる可能性のある箇所、また落石などの多い箇所、ガスが出たら方角を見失うような広いところなどです。

白山でいえば、北縦走路の三方岩岳から野谷荘司山辺りまでの岐阜県側の切り立ったガレ場、鶴平新道の赤頭山辺り、平瀬道のカンクラ雪渓が見える辺りから上の一部、油坂の頭から別山を経由して別山平までのコース上の数カ所、白山禅定道の六万山から慶松平に向かう途中の岩尾根、そしてよく事故が起きる、砂防新道の黒ボコ岩直下の十二曲がりの通過時に滑ったり転倒したりすると、大きな事故につながります。また、弥陀ヶ原や大汝峰一帯の山頂散策コース、室堂平、四塚山一帯では、ガスに注意する必要があります。

十二曲がりの急登は休憩をいれながら慎重に

6 雷を避ける

山で雷に遭うのは最も危険なことのひとつです。小屋にいるときに雷が鳴り始めたら、行動しないのが一番。行動中に始まったら、収まるまで岩陰の窪地に避難して動かないことです。

7 道に迷わない

夏山は、標識があるから道に迷う心配はないかというと決してそうではありません。標識が整備されているのは人気コースだけで、地味なコースは標識も少なく、分岐の矢印などもない場合があります。

道に迷わないためには、地図を小まめに見る習慣をつけることです。コンパスを当てれば方角の間違いがすぐにわかります。また、昔からいわれているように、おかしいなと思ったら引き返すことです。

8 マムシ、クマなどに注意する

マムシはどこにでもいます。産卵期以外は動きが鈍いので、足元に注意して、見つけたらストックなどで追い払うことです。クマは、出合い頭以外はめったに人間を襲いません。冬眠前と冬眠から覚めたときにあちこちで荒食いをしますから、鈴などで人間の居場所を知らせることです。

9 ひざ痛対策

笈ヶ岳からの下山中にひざ痛に見舞われたことがあります。医者に言わせると、要するに年齢相応の油切れ。以後、長時間行動する場合は、用心のためにひざ用サポーターを使っています。サポーターは、痛くなってからでは間に合いません。ひざに荷重な負担がかからないよう、スタート時点から当てる方がよいようです。

また、下りであってもきちんと休憩をとることが大切です。

10 多い事故原因「転倒」

バランスが悪いから、といってしまえばそれまでですが、転倒による事故が後を断ちません。転倒によ

転倒しないためには気を抜かないこと

るねんざや、転倒した際、手をついての骨折ぐらいならよいのですが、危険地帯での転倒は、滑落など大きな事故に直結します。「剱岳で200メートル滑落」とか、「八ヶ岳で150メートル滑落」とかは、ほとんど死につながる大事故です。

転倒の原因は、「つまづく」「滑る」「よろける」などが考えられますが、大半が体力不足で、場所は、一番の難所を通過した直後というのが多いようです。

転倒しない秘訣はただひとつ、下山するまで気を抜かないこと、これしかありません。

11 バテないために

歩く時間、荷物の重さ、そして体力や体調に見合ったペースをどれだけ早くつくり出せるかは経験がものをいいますが、空腹もバテの大きな要因となります。スタート前にしっかり食事をとることはもちろん、ちょっとでも空腹感を覚えたら、早めに行動食などを補給することです。また、冷えによるバテを防ぐためには、濡れた下着を取り替える、あるいは雨具を羽織る、温かい飲み物をとるなど保温に努めることが大切です。

12 不測の事態に遭遇した場合

活火山対策については、登山届の義務化の項で触れていますので、その他の「事態」への対応など、無事に下山する手立てについて考えてみます。

経験がものをいう登山

- 登山道がどんなに整備されていても、山はテーマパークではありませんから、楽しみながらも気を抜かないことです。
- 不測の事態に遭遇した場合は、置かれた状況を冷静に判断して、自分たちの力量と相談しながら、最も安全な回避方法を選択しましょう。グループで出かけている場合は、パニックになりがちな人に安心してもらえるよう配慮しましょう。
- 解決できそうもない場合は、手遅れになる前に救助要請しましょう。
- 厳しい状況に置かれた場合、多分に強い精神力は求められますが、精神力だけでは事態は打開できません。苦境打開を高い確率で保証するのは、自然の中で生きる智恵や経験を身に着けておくこと、別の表現をすれば「山慣れ」しておくことです。そのためには、かつての山の生活者の経験と智恵から学ぶことをおすすめします。

快適登山のための服装・装備

服装

夏山といっても、7月の上旬はまだ雪渓が残っている所もあります。また、10月も半ばを過ぎると冷え込みが厳しい時もありますから、状況に応じた服装をすればよいと思います。

私の場合は、オーロンの半袖シャツとジャージーのズボン、そして、布製の軽登山靴と革の登山靴を、天候やコースによって使い分けています。替えとして、半袖と長袖のシャツ、靴下、汗拭き用タオル3本、雨具上下というところです。10月に入ったら、薄手の手袋も持つようにしています。

山を歩いていると、たまに半ズボン姿の人を見かけますが、山域や季節によって、いろいろな虫に刺されたり、すり傷、切り傷にも結び付きやすいので、その山を知り尽くしたベテランは別として、長ズボンの方が無難だと思います。

長ズボンの着用を

装備

● ザック

日帰りまたは食事付きの有人小屋泊まりの場合は30リットル、無人小屋またはテント泊の場合は、2泊ぐらいまでなら50リットル（上蓋を伸ばして60リットル）で間に合わせています。

● コンロ

一番小型のバーナーを持ちます。ボンベも最近出た小さいもので、2泊ぐらいなら十分間に合います。

● コッヘル

角形のセットになったものを、フライパンをはずして使っています。レトルトものを温めたあとの湯をポリタンに戻す場合、角形は便利です。

● シュラフカバー

夏は、シュラフカバーだけで通しています。保温には十分です。

● テント

2～3人用のフライシート付きの

装備	夏山			積雪期
	日帰り	小屋泊	テント泊	
個人用マット			●	
シュラフ			●	
シュラフカバー		●	●	
ローソク			好みによる	
ランタン			好みによる	
蚊取り線香			▲	
敷板			●	
新聞紙			●	
ザック等				
ザック(30リットル)	●	●		
ザック(50リットル)			●	●
インナー			●	●
ザックカバー	●	●	●	●
その他				
ピッケル				▲
バイル				▲
ストック				▲
ハーネス(または腰ベルト)				▲
ザイル				▲
シュリンゲ				▲
カラビナ				▲
確保器・下降器				▲
スノーバー				▲
スコップ				▲
赤布	●	●	●	●
竹竿				▲
健康保険証写し	●	●	●	●
身分証明書	●	●	●	●
雪崩対策用ビーコン				▲
食糧				
行動食	●	●	●	●
非常食	●	●	●	●
食糧			●	
調味料			●	
嗜好品など	●	●	●	●

ものを使っています。雨が多い日本の山では、フライシートは強い味方です。

●ツェルト

雨宿り、風よけ用に、季節やコースによって2〜3人用のゴアテックスのものを使用しています。

テントやツェルトは雨宿り、風よけにも使える

●ストック

クマよけの鈴を付けています。マムシもすぐに追い払えて便利ですし、ちょっとバランスを崩しそうなところでも役に立ちます。もちろん、じゃまになる時もありますが。

初心者のストック使用については賛否があるようですが、使う場合はストックに頼り過ぎないことです。

●その他の小物

地図、コンパス、ヘッドランプ、ナイフ、ザックカバー、銀マット、ローソク等。

服装・装備等チェックリスト（●印は必要、▲印はコースによる）

装備	夏山			積雪期
	日帰り	小屋泊	テント泊	
下着				
長袖シャツ	▲	●	●	●
半袖シャツ	▲			
靴下	●	●	●	●
タイツ				▲
替え下着	▲	▲	▲	▲
上着				
Tシャツ	▲			
カッターシャツ	▲	●	●	●
セーター		▲	▲	●
ジャージズボン	好みによる			
ニッカーズボン	好みによる			
新素材ズボン	好みによる			
雨具上下	●	●	●	●
オーバーヤッケ・ズボン				▲
羽毛服				▲
足回り				
ジョギングシューズ	好みによる			
トレッキングシューズ	好みによる			
革製登山靴				好みによる
合成登山靴				好みによる
ロングスパッツ				●
アイゼン				▲
ワカン				▲
小物				
手袋	▲	▲	▲	●
オーバーミトン				▲
ヘルメット	●	●	●	●
帽子	好みによる			
目出帽				▲
高所帽				▲
タオル	●	●	●	●
バンダナ	好みによる			
穴あきマスク				▲
ゴーグル				●

装備	夏山			積雪期
	日帰り	小屋泊	テント泊	
日焼け止めクリーム	▲	▲	▲	●
リップクリーム				●
行動用小物				
地図	●	●	●	●
コンパス	●	●	●	●
高度計	▲	▲	▲	▲
ガイドブック	●	●	●	●
水筒（ポリタン）	●	●	●	●
テルモス	▲	▲	▲	▲
ヘッドランプ	●	●	●	●
電球・替え電池	●	●	●	●
時計	●	●	●	●
筆記用具	●	●	●	●
ライター	●	●	●	●
ナイフ	●	●	●	●
ロールペーパー	●	●	●	●
無線機	●	●	●	●
携帯電話	●	●	●	●
杖またはストック				
鈴	▲	▲	▲	▲
ラジオ			▲	▲
天気図用紙			▲	
テーピングテープ	▲	▲	▲	▲
薬など	●	●	●	●
ガスコンロ	▲	▲	●	●
ガスボンベ	▲	▲	●	●
コッヘルセット	▲	▲	●	●
箸など			●	
ゴミ袋	●	●	●	●
布ガムテープ	●	●	●	●
ツェルト（簡易テント）	▲	▲	▲	▲
テント泊の場合				
テント（ポール）			●	
フライシート			●	
銀マット			●	▲

※小屋泊りは、食事付きの山小屋を前提としています。積雪期は、春山の日帰りが前提です。
いずれも、縦走が前提で、岩登りや沢登りなどに関するものは含んでいません。

登山届を出そう

火口域から4キロ以内に登山する場合は、提出が義務です。

遭難時や災害時に役立つ

石川県では平成29年（2017）7月の条例（「県白山における火山災害による遭難の防止に関する条例」）施行により、白山の火口域から4キロメートル以内に入山する場合に、登山届の提出を義務化しています。

登山届は、万が一の災害時に、どれだけの人が白山に入山しているかを把握するために有用で、提出が義務化されました。また、登山者が遭難した際に、安否確認や捜索救助活動を迅速化する役割もあります。

未提出の場合、過料も

平成30年（2018）12月には、登山届の未提出者に罰則規定が施行されました。罰則は火口域から2キロメートル以内に入る場合、提出を怠ったり、虚偽の届出をしたりすれば対象となり、5万円以下の過料を科せられます。

登山届には、登山・下山ルートや全体の計画を記入する項目があるので、あらかじめ計画を立てることができ、無理な登山を防げるメリットもあります。

白山を登山する際には、忘れずに登山届を提出して入山しましょう。

提出方法

● インターネットによる提出
● 郵送・ファックス・メール・持参での届出
● 登山届ポストへの投函

おすすめ！
● インターネットによる提出

石川県が運営する「県登山届システム」から届出できます。スマートフォンやパソコンから簡単に提出できるので、推奨されています。

このほか、日本山岳ガイド協会が運営する登山届システム「コンパス」でも届出ができます。

利用の流れ

下のQRコードを読み込んで、登録画面にアクセスしてください。

1 入力画面

必要項目を入力したら、確認後、送信ボタンを押します。

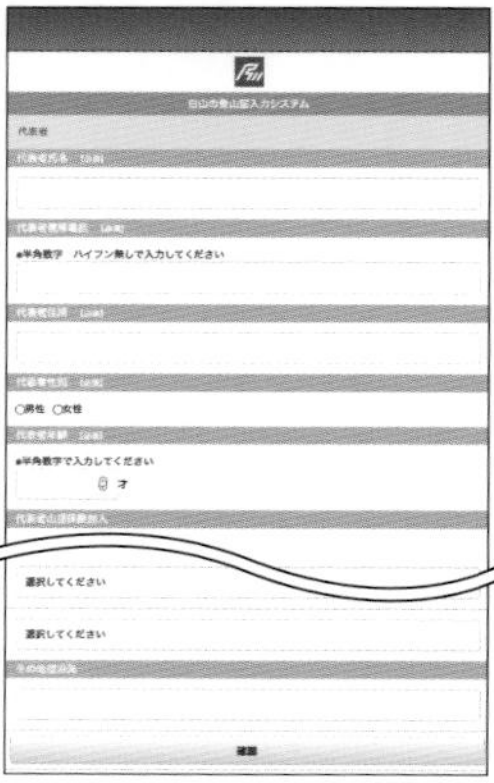

2 登録完了メール

送信後すぐに登録完了メールが届きます。

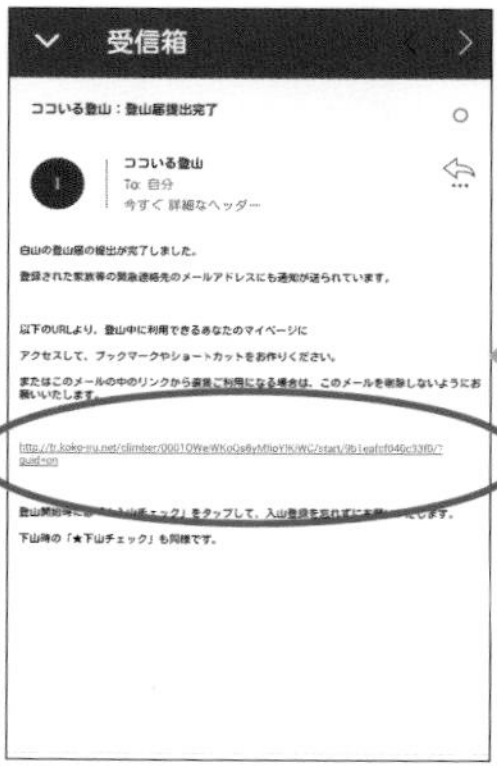

3 マイページ

マイページにアクセスして、画面をブックマークしてから「入山チェック」をしましょう。

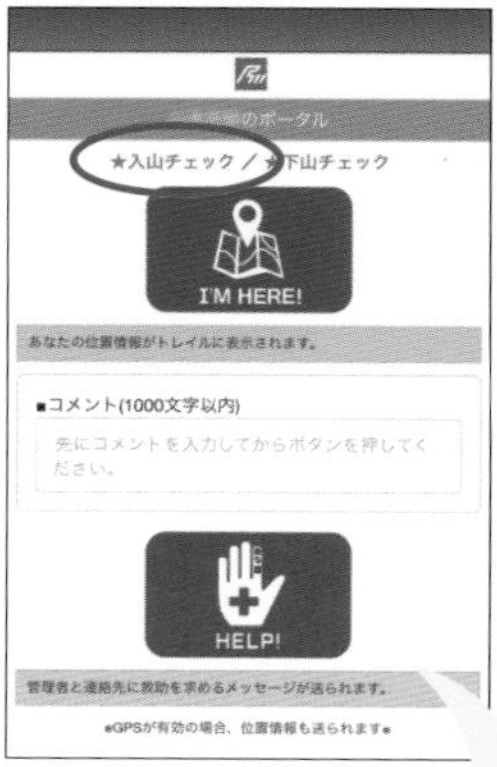

提出完了！

この画面をいつでも使えるように、メールは削除せず、画面をブックマークなどしておきましょう。

無事、下山したら下山届を提出します。

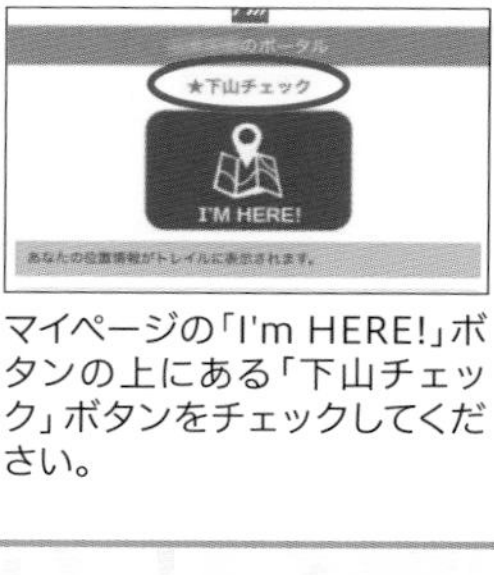

マイページの「I'm HERE!」ボタンの上にある「下山チェック」ボタンをチェックしてください。

登山届システムのメリット

● 緊急時や事故が発生した時に、位置情報や状況をふくむ救助要請が緊急連絡先に発信できます。
● 自分の登山ルートを記録して、緊急連絡先と共有できます。

※このサービスは、一部の機種や電波状況により使用できない場合があります。位置情報を共有するには、GPS機能を有効にしておく必要があります。

郵送・ファックス・メール・持参での届出

次の機関では郵送・ファックス、メール・持参での届出を受け付けています。

登山届様式は、石川県（危機管理監室）や石川県警察のホームページからダウンロードできます。

登山届の提出先

石川県危機対策課

宛先　〒920-8580 石川県金沢市鞍月1-1
FAX　076(225)1484
MAIL　e170700@pref.ishikawa.lg.jp

石川県警察本部地域課

宛先　〒920-8553 石川県金沢市鞍月1-1
FAX　076(266)3144

※白山の最寄りの白山警察署や交番・駐在所に持参することもできます。

登山届ポストへの投函

白山にある13ヵ所の登山口には登山届ポストが設置されていて、そこに投函することができます。

届出用紙はポストに備え付けてありますので、入山前に記入して投函することができます。

登　山　届

石川県知事　様
石川県白山における火山災害による遭難の防止に関する条例第6条第1項の規定により、下記のとおり届け出ます。　　提出日　　年　月　日

（ふりがな） （代表者） 届出者氏名	（　　） 性別　男・女（　歳）	住所	（都・道・府・県）（市・区・町・村） 丁目　番　号
連絡先	（携帯電話）　-　-	（自宅等緊急連絡先）　-　-　（続柄：　）	
登山日程	入山　年　月　日　時 ～ 下山予定　年　月　日　時	登山者合計	人
登山行程	登山口［　］ 経由地［　］ 下山口［　］ ※登山行程の詳細を下記に記入して下さい。	宿泊	□ 日帰り □ 白山室堂 □ 南竜山荘・ケビン □ 南竜ヶ馬場野営場 □ その他（　）

装備品　※携帯しているものにレ印を記入してください。
□ 地図　□ 救急用品　□ ヘルメット　□ 防寒具　□ 携帯電話（GPS機能　有・無）　□その他（　）
□ 方位磁針　□ 雨具　□ ゴーグル　□ 食糧 ＿＿日分　□ モバイルバッテリー
□ 時計　□ 懐中電灯　□ 携帯ラジオ　□ 飲料水 ＿＿日分　□ 無線機（周波数：　MHz）

（ふりがな） 同行者氏名	性別	年齢	住所	自宅等緊急連絡先（続柄）
	男・女		都・道 府・県　市・区 町・村	-　-（　）
	男・女		都・道 府・県　市・区 町・村	-　-（　）
	男・女		都・道 府・県　市・区 町・村	-　-（　）
	男・女		都・道 府・県　市・区 町・村	-　-（　）
	男・女		都・道 府・県　市・区 町・村	-　-（　）

登山行程（略図）　ルートを矢印で示し、宿泊地を〇で囲み、（７／２５）のように宿泊日を記入して下さい。

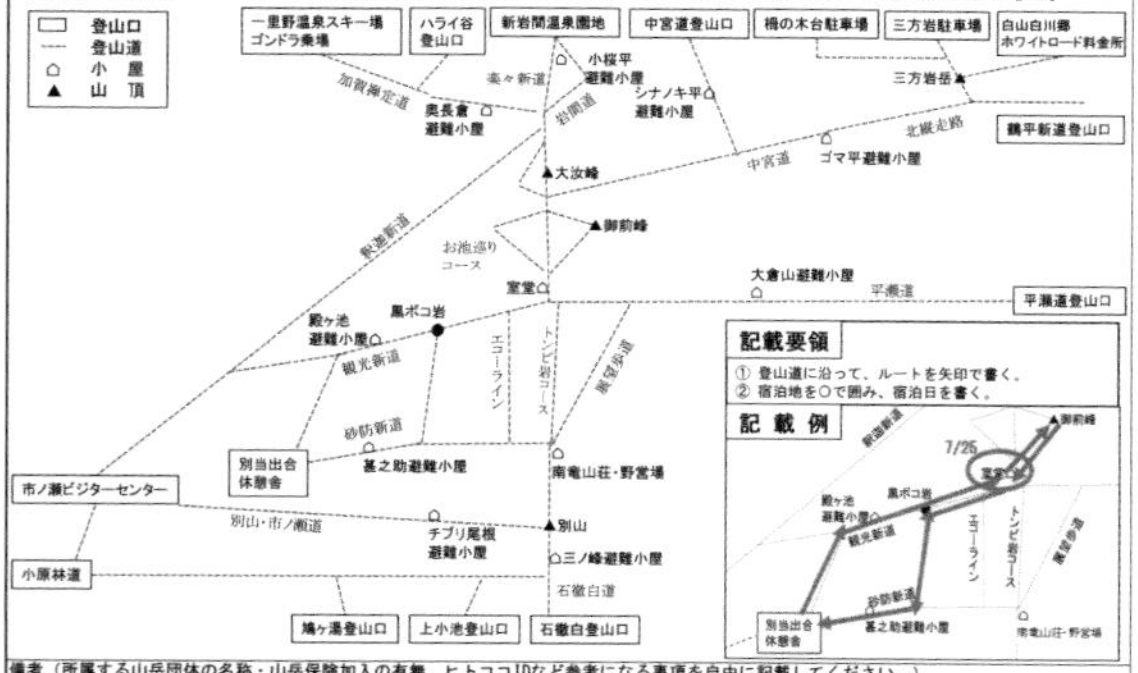

備考（所属する山岳団体の名称・山岳保険加入の有無、ヒトココIDなど参考になる事項を自由に記載してください。）

※記入項目に空欄がある場合、登山届の提出とみなされないことがあります。

※県により様式は異なる。

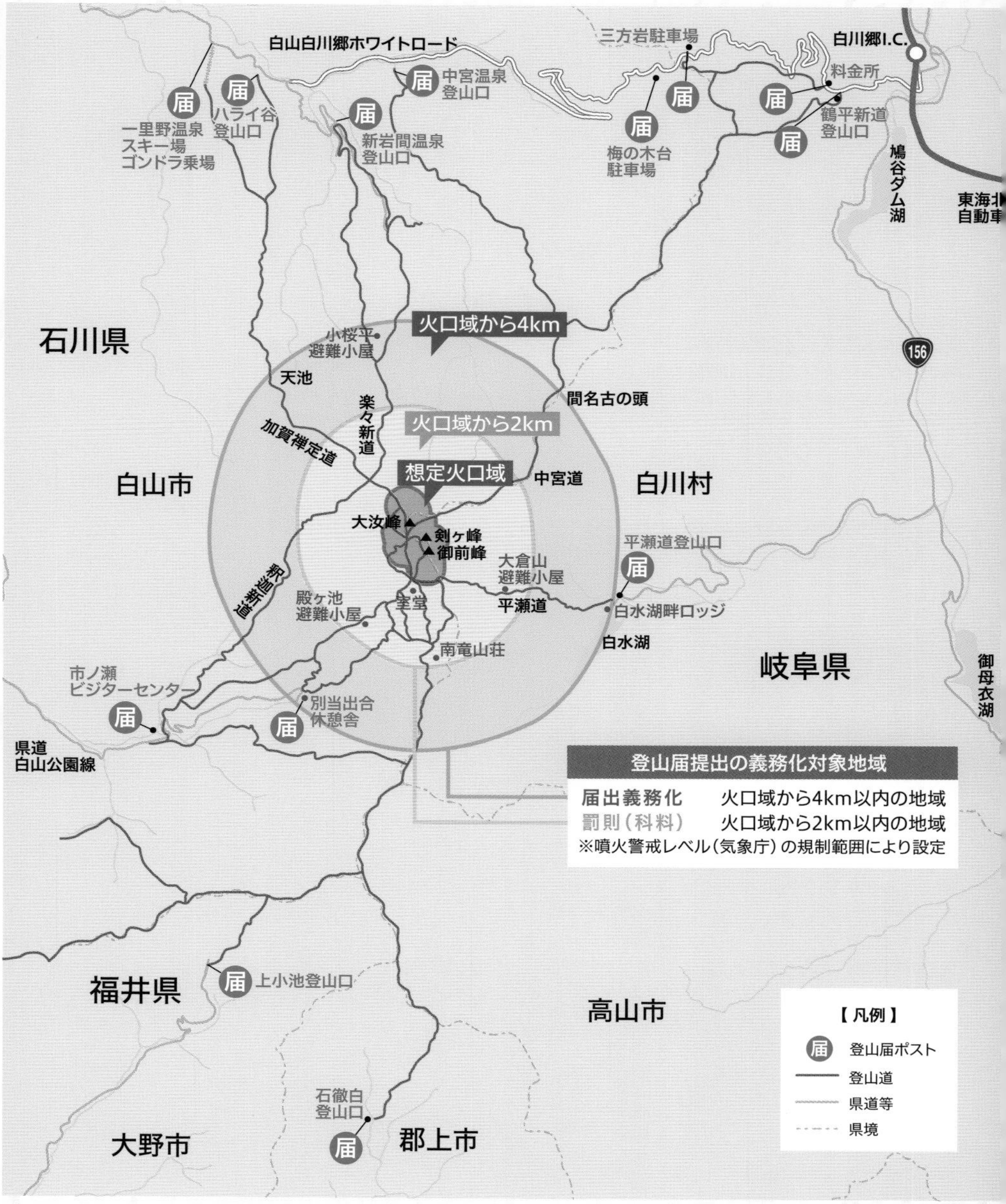

登山届に関する問い合わせ

石川県危機管理監室危機対策課　防災対策グループ

TEL.076（225）1482　FAX.076（225）1484

石川県　白山　登山届　検索

白山の花ガイド

―高山植物の宝庫への誘い―

写真・文 栂 典雅
前石川県白山自然保護センター所長

白山の概ね亜高山帯より上部で、7～8月の夏山の時期に見られる植物のうち、花が比較的大きいなど目につきやすく、見分けるのもさほど難しくない65種を選び、便宜的に色別に分けたうえ、和名の五十音順に並べた。

科名は新エングラー体系によった。「高さ」は花期における標準的な植物体の丈。花期は大半が7～8月であるため記載を省き、それ以外のものを記載した。標高による植生帯区分の目安は以下のとおりとした。

高 山 帯	2,400m 以上
亜高山帯	1,600 ～ 2,400 m
山 地 帯	350 ～ 1,600m

より詳しい解説は『白山＊立山 花ガイド』（橋本確文堂刊）を参照。

黄色系の花

＊ YELLOW ＊

キバナノコマノツメ［スミレ科］
高さ約10㎝。花の幅約1.5㎝。名の「駒の爪」は丸い葉を馬のひづめに見立てた。亜高山帯以上の湿った草地に生える。オオバキスミレの葉はハート形。

クルマユリ［ユリ科］
高さ約60㎝。花径約5㎝で花びらが反り返る。茎の中ほどに車状に輪生する葉が名の由来。亜高山帯以上の草地に生える。

ウサギギク［キク科］
高さ約20㎝。頭花＊の径約4㎝。全体に毛が密生する。名は、葉をウサギの耳に見立てたもの。高山帯の草地に点々と生える。

シナノオトギリ［オトギリソウ科］
高さ約20㎝。花径2㎝。「弟切草」は、この草から作る秘伝の鷹の傷薬を他人に漏らした弟が兄に切り殺されたという伝説から。亜高山帯以上に生える。

オタカラコウ［キク科］
高さ約1m。頭花の径約4㎝。葉は丸くて大きく径30㎝以上。山地～亜高山帯の湿った草地に生える。マルバダケブキは径8㎝ほどの頭花が茎の頂部に数個つく。

＊頭花：茎頂に多数の小花が一体化し、一つの花のように見えるもの。頭状花。

ミヤマダイコンソウ[バラ科]
高さ約20㎝。花径約2㎝。花はミヤマキンバイに似るが、丸い形の葉で識別容易。低山のダイコンソウの葉が大根に似ているのが名の由来。高山帯の岩場に生える。

ミヤマキンバイ[バラ科]
高さ約10㎝。花径約2㎝。葉は3小葉*からなる。「金梅」は梅に似た黄金色の花の意。高山帯の砂礫地に大小のまとまりになって生える。

シナノキンバイ[キンポウゲ科]
高さ約50㎝。花径約4㎝。葉は深く3〜5裂し、各裂片も細かく裂ける。「金梅」は花が黄金色で梅の花型の意。亜高山帯以上の草地に生える。

ヤマガラシ[アブラナ科]
高さ約40㎝。花径約1㎝で花弁は4枚。名は、種子から香辛料の辛子を採るカラシナに似るから。亜高山帯以上に生える。別名ミヤマガラシ。

ミヤマキンポウゲ[キンポウゲ科]
高さ約40㎝。花径約2.5㎝。深く3〜5裂する葉はシナノキンバイに似るが、各裂片は幅が細く、裂け方も粗い。亜高山帯以上の草地に群生する。

ニッコウキスゲ[ユリ科]
高さ約70㎝。花径約7㎝。花は一般的に朝開いて夕方にはしぼむ。山地〜亜高山帯の草地に生え、しばしば大きな群落をなす。別名ゼンテイカ。

リュウキンカ[キンポウゲ科]
高さ約20㎝。花期は6〜7月。花径約2.5㎝。葉は円形。名は「立金花」で、茎が次第に立ち上がって金色の花が咲くから。山地〜亜高山帯の水湿地に生える。

ミヤマコウゾリナ[キク科]
高さ約15㎝。頭花の径約1.5㎝。茎や葉に白い軟毛が密生する。名のコウゾリはカミソリのことで、別属コウゾリナの剛毛をそれにたとえた。亜高山帯以上に生える。

ミヤマアキノキリンソウ[キク科]
高さ約30㎝。花期は8〜9月。頭花の径約1㎝。名は別科のキリンソウに似て秋に咲く花の意。亜高山帯以上に生える。山地帯のアキノキリンソウは花が穂状につく。

*小葉:1枚の葉が複数の葉片からなるものを複葉といい、その個々の葉片を小葉という。

ウスユキソウ[キク科]
高さ約15㎝。頭花は茎の上部に集まり、白い綿毛をかぶる苞葉を含めた径は約2㎝。その様を「薄雪」にたとえた名で、エーデルワイスの仲間。亜高山帯以上に生える。

イワイチョウ[ミツガシワ科]
高さ約20㎝。花径約1.5㎝。葉は丸くて表面に光沢がある。名は、その葉をイチョウの葉に見立てた。亜高山帯以上の湿地に群生することが多い。

白色系の花

＊ WHITE ＊

ウラジロナナカマド[バラ科]
高さ1〜2mの落葉低木。径約1㎝の花が丸い花序をなす。葉の裏が白っぽい。赤い実や紅葉も美しい。亜高山帯以上に生える。タカネナナカマドは花序がややまばら。

イワオウギ[マメ科]
高さ約40㎝。長さ約2㎝の花が下向きに多数つき穂状をなす。オウギ(黄耆)は中国産の薬草で、本種も同様に用いられてきた。山地〜高山帯の礫地・岩場に生える。

アオノツガザクラ[ツツジ科]
高さ約10㎝の常緑小低木。花の長さ約7㎜。名のツガはマツ科の針葉樹で葉の形が似るから。高山帯の礫地や雪渓周辺に生え、しばしばカーペット状に群生する。

オンタデ[タデ科]
高さ約60㎝。径約4㎜の花が集まり円錐状の花序をなす。雌雄異株で、雌株は実に赤い翼があり目立つ(写真手前)。高山帯の礫地にかたまって生えることが多い。

イワツメクサ[ナデシコ科]
高さ約15㎝。花径約1㎝。花弁は5枚ながら、深く裂けるので10枚に見える。葉は細く、これが鳥の爪に似ていることが名の由来。高山帯の岩礫地に生える。

イブキトラノオ[タデ科]
高さ約70㎝。径約3㎜の淡紅色をおびる花が集まり、長さ4㎝ほどの穂をなす。名のイブキは伊吹山、トラノオは花序の形から。亜高山帯以上の草地に群生する。

サンカヨウ[メギ科]
高さ約50㎝。花期は6〜7月。径約2㎝の花が大きな葉から伸びる柄の先に集まってつく。ブドウのような青紫色の実がなる。山地〜亜高山帯の湿った草地に生える。

ゴゼンタチバナ[ミズキ科]
高さ約10㎝。花径約2㎝。花がつく株の葉は6枚が輪生。名は、赤い実をカラタチバナの実にたとえ、「御前」は白山の御前峰から。亜高山帯以上の林縁などに生える。

カラマツソウ[キンポウゲ科]
高さ約60㎝。花径約1㎝。花弁はなく、白い糸状のものは雄しべ。この形をカラマツの芽吹きに見立てたのが名の由来。亜高山帯以上の草地や礫地に生える。

センジュガンピ[ナデシコ科]
高さ約60㎝。花径約2.5㎝。名の「千手」は日光の千手原、「岩菲」は中国原産のナデシコ科の植物名からとされる。山地〜亜高山帯の林縁に生える。

コバイケイソウ[ユリ科]
高さ約70㎝。径約1.5㎝の花が丸みのある穂をなす。名の「梅蕙」は、梅の花に似たランの一種の意。亜高山帯以上の草地に群生する。花が咲かない年もある。

キヌガサソウ[ユリ科]
高さ約50㎝。花期は7月。花径約6㎝。名は、8〜12枚が輪生する葉を奈良朝の貴族にさしかけた「衣笠」に見立てた。亜高山帯の湿った林縁に数〜十数株で生える。

チングルマ[バラ科]
高さ約10㎝の落葉小低木。花径約2㎝。名は、長い羽毛状の毛がある実を風車に見立てた「稚児車」がなまったとの説がある。高山帯の砂礫地にかたまって生える。

サラシナショウマ[キンポウゲ科]
高さ約1m。径約1㎝の花が円柱状の穂をなす。名の「晒菜」は、茹でた若芽を水にさらして食べることから。「升麻」はこの類の漢名。山地〜亜高山帯の草地に生える。

コケモモ[ツツジ科]
地を這う常緑小低木。花は長さ約6㎜の釣鐘型で淡紅色をおびる。赤い実がなる。よく似たコメバツガザクラの花は口がすぼまる壺型。亜高山帯以上の林縁に生える。

ミヤマダイモンジソウ[ユキノシタ科]
高さ約15㎝。花径約1.5㎝。5枚の花弁の2枚が長く、これを「大」の字に見立てた名。亜高山帯以上に生えるが、山地帯のダイモンジソウと区別しない見方もある。

ハクサンボウフウ[セリ科]
高さ約30㎝。花径約3㎜。花序の径約5㎝。葉は幅が広い小葉3～9枚からなる。似たものが多いセリ科ながら、上記の観点で識別可能。亜高山帯以上の草地に生える。

ツマトリソウ[サクラソウ科]
高さ約10㎝。花期は6～7月。花径約1.5㎝。「褄取」は花の先端部が淡い紅色に縁どられるからとされるが、そうなる個体は少ない。亜高山帯以上の林縁などに生える。

モミジカラマツ[キンポウゲ科]
高さ約50㎝。花径約1㎝。カラマツソウと同様、花の白い糸状のものは雄しべ。名は、葉がモミジに似ているから。山地～亜高山帯の湿った草地や林縁に生える。

マイヅルソウ[ユリ科]
高さ約10㎝。花期は6～7月。花径約5㎜。葉はふつう2枚で葉脈は弧を描く。名はこの葉脈あるいは葉の様子をツルに見立てたとされる。山地帯以上の林縁に生える。

ハクサンイチゲ[キンポウゲ科]
高さ約30㎝。花期は7月。花径約2.5㎝。名の「一華」は本来、一輪の花の意であるが、本種は茎頂に数個の花がつく。高山帯の草地や湿った岩礫地に生える。

ヤマハハコ[キク科]
高さ約40㎝。径約1㎝の頭花が茎頂に集まってつく。外側を囲む総苞片は、硬くて光沢がある。葉の裏は綿毛が密生する。山地～高山帯の向陽地に生える。

ミツバオウレン[キンポウゲ科]
高さ約7㎝。花径約1㎝。葉は名の通り3小葉からなる。亜高山帯以上の林縁・草地に生える。ミツバノバイカオウレンは花茎が紫褐色で葉はやや厚く濃緑色。

ハクサンシャクナゲ[ツツジ科]
高さ0.5～1m以上の常緑低木。花期は7月。花径約3㎝で先が5裂、白色から淡紅色をおび、内側上部に淡緑色の斑点がある。亜高山帯以上のヤセ尾根や林縁に生える。

赤・紫色の花

＊PURPLE＊

クガイソウ[ゴマノハグサ科]

高さ約80㎝。長さ数㎜の花が集まり、長さ20㎝ほどの先が細い穂をなす。「九蓋草」の名は、4〜6枚の葉が輪生して層をなすことから。山地〜亜高山帯の草地に生える。

イワハゼ[ツツジ科]

高さ約10㎝。花期は6〜7月、長さ約8㎜でがくの紅色が目立つ。実は赤く、別名アカモノは赤桃が転訛したとされる。山地帯以上の林縁や道沿いにかたまって生える。

シモツケソウ[バラ科]

高さ約50㎝。径約5㎜の花が茎頂に集まる花序の形は不定。名は、下野の国で見つかったという木本のシモツケに似た草の意。山地帯以上の草地や砂礫地に生える。

オヤマリンドウ[リンドウ科]

高さ約30㎝。長さ約2.5㎝の花がふつう茎頂に数個つく。花は晴天時でも先がやや開く程度。亜高山帯以上の草地に生える。エゾリンドウは花が大きく葉腋にもつく。

イワカガミ[イワウメ科]

高さ約8㎝。花は長さ約1.5㎝で先端が細裂する。光沢のある葉を鏡にたとえた名。亜高山帯以上の岩場や砂礫地に生え、高山型品種をコイワカガミと呼ぶこともある。

タカネナデシコ[ナデシコ科]

高さ約20㎝。花径約3㎝。河原などに生えるカワラナデシコに似ているが、花弁はより細かく裂ける。高山帯の岩場や砂礫地に生える。

カライトソウ[バラ科]

高さ約50㎝。小花が密集する円柱形の花序は長さ約6㎝で垂れ下がる。名の「唐糸」は、美しい雄しべを中国渡来の絹糸にたとえたもの。亜高山帯以上の砂礫地に生える。

イワギキョウ[キキョウ科]

高さ約8㎝。花は長さ約2.5㎝の釣鐘型でよく目立つ。高山帯の砂礫地や岩陰に小さなかたまりで生える。代表的な高山植物の一つといえよう。

ハクサンコザクラ[サクラソウ科]
高さ約10㎝。花径約2㎝。1本の花茎に数個の花をつける。白山を代表する高山植物の一つで、亜高山帯以上の雪渓周辺や湿った草地に群生する姿が見られる。

テガタチドリ[ラン科]
高さ約30㎝。幅約8㎜の花が集まって長さ10㎝ほどの穂をなす。「手形」は肥大する根の形、「千鳥」は花を群れ飛ぶ鳥に見立てた名。亜高山帯以上の草地に生える。

タカネマツムシソウ[マツムシソウ科]
高さ約30㎝。花は一見キク科のように見える頭状花で径約4㎝。葉は対生し、羽状に切れ込む。名の由来には諸説ある。亜高山帯以上の砂礫地に生える。

ハクサンシャジン[キキョウ科]
高さ約30㎝。長さ約2㎝の花と葉が数個ずつ2、3段輪生する。亜高山帯以上の砂礫地に生える。名の「沙参」はツリガネニンジンで、別名タカネツリガネニンジン。

ノアザミ[キク科]
高さ約60㎝。花期は6～7月。頭花は径約3㎝で上向き、下部の総苞が粘る。葉は羽状に切れ込み、刺は硬くて痛い。平地から分布し、亜高山帯の草地にも見られる。

タテヤマアザミ[キク科]
高さ約60㎝。花期は8～9月。頭花は径約3㎝でほぼ横向きにつく。葉の切れ込みの程度には個体差がある。亜高山帯以上に生えるアザミの多くは本種である。

ハクサンチドリ[ラン科]
高さ約20㎝。花期は6～7月。幅約1.5㎝の花が茎の上部に集まってつく。名の「千鳥」は花を群れ飛ぶ鳥に見立てたもの。亜高山帯以上の草地に生える。

ハクサンカメバヒキオコシ[シソ科]
高さ約70㎝。花期は8～9月。花は長さ約1㎝。3裂する葉先の頂片が尾状に伸びる葉の形を亀にたとえた名。ヒキオコシは薬草。山地～亜高山帯の林縁に生える。

タテヤマウツボグサ[シソ科]
高さ約20㎝。長さ約2㎝の花が茎の上部に短い穂をなす。名のウツボは、その形が矢を入れる「靫」に似ているから。亜高山帯以上の草地や砂礫地に生える。

黒褐色の花

＊BLACK＊

ミヤマクワガタ［ゴマノハグサ科］
高さ約15㎝。花径約1㎝。2本の雄しべと1本の雌しべが突き出る。名のクワガタは、実の様子が兜の前立てのくわ形に似るから。亜高山帯以上の礫地に生える。

ハクサントリカブト［キンポウゲ科］
高さ約80㎝。花期は8〜9月。長さ約3㎝の花が茎の上部につく。名は、花が舞楽のかぶり物「鳥兜」に似るから。猛毒で知られる。亜高山帯以上の草地に生える。

エンレイソウ［ユリ科］
高さ約30㎝。花期は6〜7月。花径約2.5㎝で緑色をおびるものもある。葉は3枚が輪生する。名は「延齢草」だが語源は不明とされる。山地帯以上に分布する。

ミヤマリンドウ［リンドウ科］
高さ約7㎝。花は径1.5㎝の漏斗型。昼でも薄曇り以上の明るさがなければ閉じている。高山帯の湿った草地に小さなかたまりで生えることが多い。

ハクサンフウロ［フウロソウ科］
高さ約40㎝。花径約3㎝。フウロは「風露草」のことであるが、その語源はよくわからないとされる。亜高山帯以上の草地に生える。

クロユリ［ユリ科］
高さ約20㎝。花は長さ約3㎝で内側に黄色の斑点がある。高山帯の草地に生える。室堂平などに大きな群落があり、ハクサンコザクラと並ぶ白山の高山植物の代表種。

ヨツバシオガマ［ゴマノハグサ科］
高さ約20㎝。長さ約1.5㎝の花が茎の上部につく。名は4枚の葉が輪生するから。亜高山帯以上の草地に生える。エゾシオガマの花は白で横向きにねじれてつく。

ベニバナイチゴ［バラ科］
高さ約1mになる落葉低木。花期は6〜7月。花は径約2㎝で開き切らないような感じ。径約2㎝の赤い実がなる。亜高山帯以上の低木林縁に生える。

白山火山の生い立ち

石川県自然史センター理事　東野 外志男

白山火山誕生までの歴史

白山火山は30～40万年の歴史を有します。現在確認できる白山火山の噴出物は北は新岩間温泉、東は大白川、南西は六万山あたりまで広い地域に分布しますが、噴出物の厚さは普通200～300メートル程度で、厚いところでも500メートルを超えることはほとんどありません。白山火山は古い時代の岩石からなる高地に形成した火山で、この土台の岩石が白山火山が誕生するまでの歴史を物語ってくれます。

白山火山の土台を構成するのが、古いものから飛騨変成岩類、手取層群、濃飛流紋岩類です。これらの岩石は、白山地域が当時のアジア大陸の東の端あたりに位置していた時にできたものです。

飛騨山地を中心に分布する飛騨変成岩類は、何度も変成作用を受け複雑な歴史があります。主要な変成作用は約2億4千万年前の2つの小大陸の衝突によるもので、中国の主要部分は、この小陸の衝突・合体によってできました。

手取層群は1億数千万年前に、河川や湖などに泥や砂、礫が堆積してできた地層です。手取川流域を中心に、福井県、岐阜県、富山県にも分布します。白山市桑島の「桑島化石壁」は手取層群の砂岩・泥岩の互層で、恐竜化石など学術上重要な化石を多く産出することで広く知られています。山頂周辺では、別山や白山釈迦岳などが手取層群からなります。

濃飛流紋岩類は巨大な火成活動によって形成しました。中部地方に広く分布し、分布域が昔の国の名でいえば美濃と飛騨を中心にしていることから、この名が付けられました。白山地域は分布域のほぼ北端に位置し、濃飛流紋岩類の活動末期、おおよそ6000～7000万年前に噴出したものです。中ノ川や丸石谷、四塚山や七倉山などに分布します。

白山地域が大陸に属していた時代は、その後数千万年続きます。およそ2000～2500万年前には大陸の東で割れ目ができ、小さな陸地が大陸から離れました。離れた陸地は約1500万年前にほぼ現在の日本列島の位置に移動し、日本列島の元となり、大陸との間が日本海になりました。

桑島化石壁　昭和32年（1957）に湯の谷川の珪化木産地とともに「手取川流域の珪化木産地」として国の天然物に指定。以前から植物化石の産地として知られ、昭和61年（1986）に恐竜化石の発見が報じられた

白山は活火山

活火山は「概ね過去一万年以内に噴火した火山及び現在活発な噴気活動のある火山」と定義され、今後噴火する可能性のある火山です。白山は活発な噴気活動はありませんが、過去1万年の間に何度も噴火し、歴史時代の噴火記録もある活火山です。日本列島に111の活火山があり、白山から遠望できる御嶽山や乗鞍岳も活火山です。

古い白山と新しい白山

白山が現在の山頂部で火山活動を始めたのがおよそ3～4万年前で、それ以前は別の場所で活動していました。加賀禅定道が通っている尾根から西斜面にかけ、溶岩を主とする30～40万年前の火山岩類が分布します。これらを噴出した火山を加賀室火山といいますが、侵食が進み噴出物の分布が限られているため、活動中心や規模などについて不明な点が多いです。

およそ10万年前には、現在の山頂の北方、中ノ川支流地獄谷あたりを活動の中心とした成層火山が形成されました。約3000メートルの高さがあったと推定され、古白山火山といいます。火山体の中心部は侵食されましたが、周辺部の火山斜面が残されています。七倉山北方の清浄ヶ原や、お花松原・北弥陀ヶ原から間名古の頭手前までの尾根から南東の大白川の方へ続く斜面が、代表的な火山斜面です。噴出物の体積は、侵食された部分も含めて約15立方キロメートルと推定されています。

火山としては小さいですが、間名古の頭の南約1・5キロメートルに、2つの小

清浄ヶ原の緩斜面と尾添尾根（右手前の方の稜線）　川の中～下流あたりにある滝が、古白山火山の溶岩にかかっている百四丈滝。加賀禅定道から清浄ヶ原や百四丈滝を遠望できる

うぐいす平火山　中宮道がこの近くを通る

新白山火山　手前の峰が御前峰、その左後の峰が大汝峰
小澤外志男氏提供

白山火山の地質図

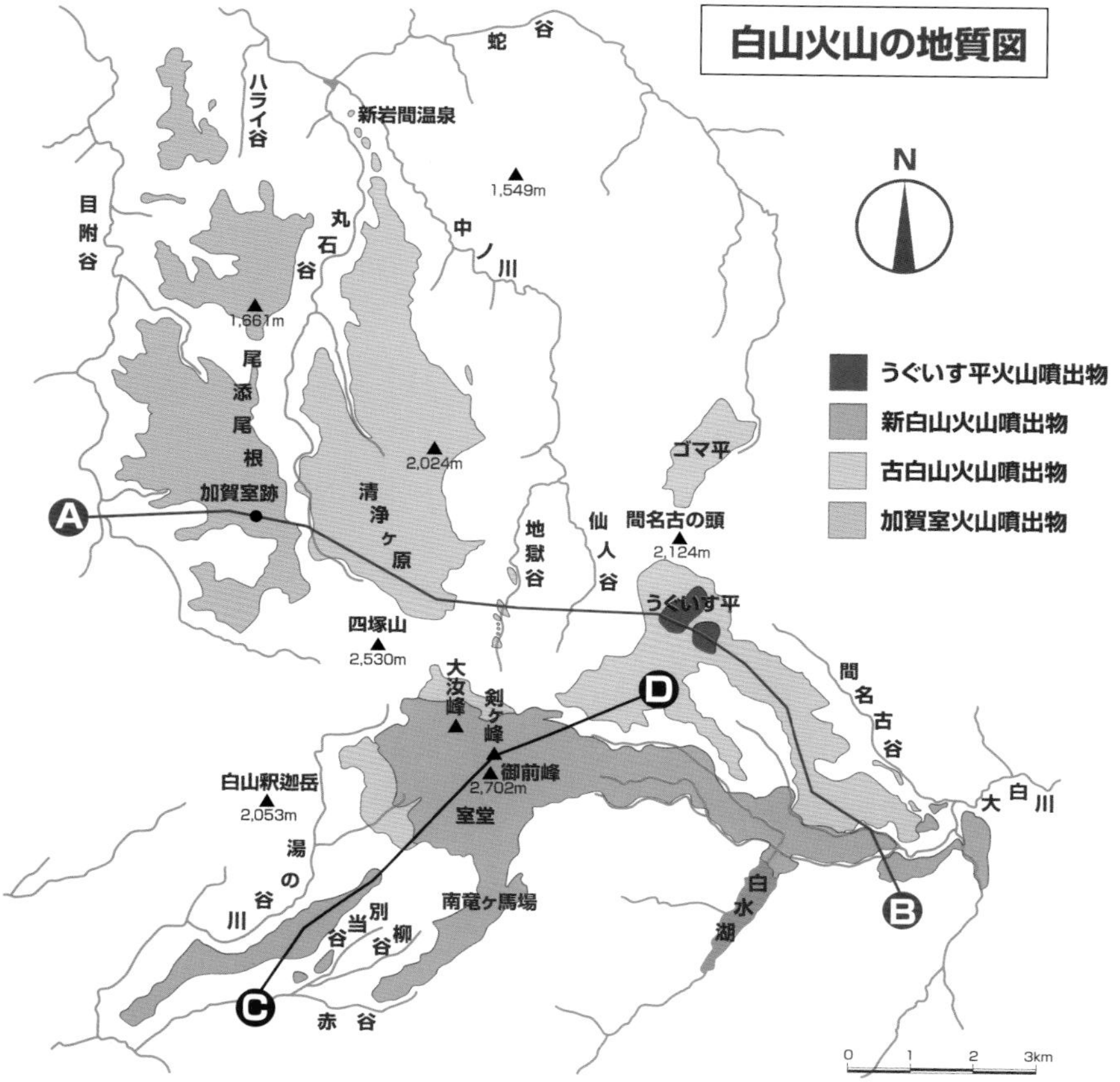

白山火山の地質断面図

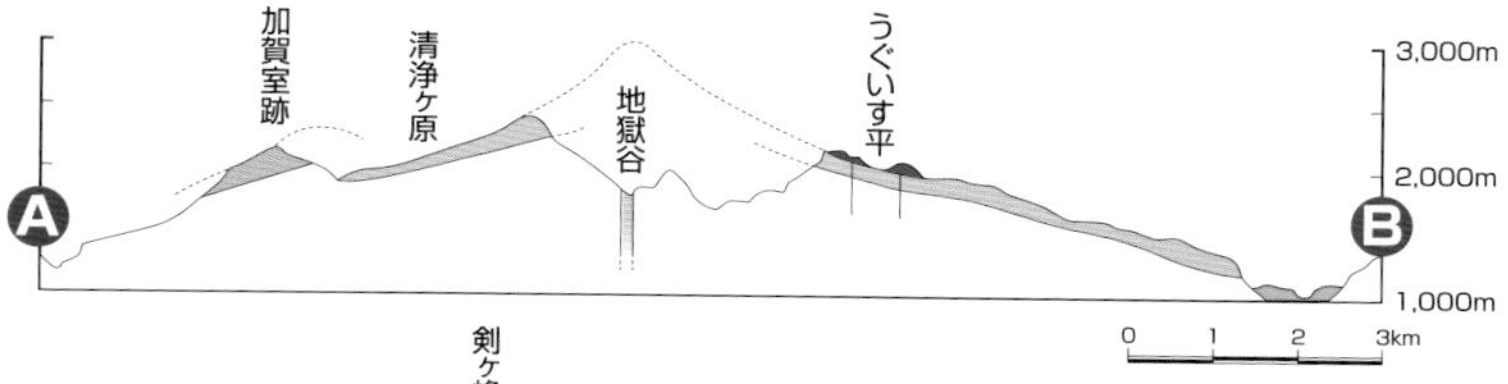

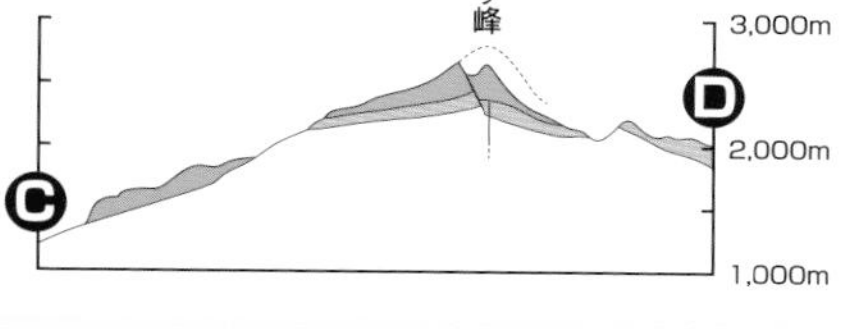

長岡ほか（1985）を簡略化。地質断面図は高さを水平距離に対して1.5倍に誇張

さな（約400×500メートル）火山が古白山火山の噴出物上に存在します。うぐいす平火山です。火山体の形がよく保存され、年代が1～2万年前で、現在の山頂部の火山とほぼ同じ頃、もしくはやや遅れて誕生したと考えられます。

約3～4万年前に現在の山頂部で活動を始めた火山を新白山火山といい、加賀室火山、古白山火山、うぐいす平火山も含めて白山火山と総称します。新白山火山の噴出物は、山頂の南方や南西方、東方に主に分布します。体積は1立方キロメートル程度で、古白山火山の約15分の1です。

噴出物のなかで大汝峰や山頂の南西部～南部、南竜ヶ馬場～柳谷左岸の稜線や観光新道～白山禅定道の稜線の噴出物は、新白山火山の中でも古い時代（およそ3～4万年前）の活動によるものです。一方、山頂から西方及び東方の大白川にかけての斜面に分布する噴出物は、新しい時代の噴火によるものです。剣ヶ峰は、約2200年前の大白川への溶岩流出後に、形成された溶岩円頂丘です。剣ヶ峰を中止とした活動の後は、火山活動の中心はやや北に移り、翠ヶ池など多くの火口がつくられました。歴史時代の活動もおおむねこのあたりを中心に起きたと考えられます。

歴史時代の噴火記録

白山の噴火に関する史料で最も古いのが、慶雲3年（706）の記録です。「越前（当時は加賀が越前から分国する以前）に山火事があり止まないので、使いを派遣して部内の神に奉幣した。（要約、以下同じ）」【『続日本紀』】というもので、噴火による山火事と推測するものです。仁寿3年（853）に、「白山比咩神を従三位に加えた。」【『日本文徳天皇実録』】の記事があり、この叙位を火山活動を鎮めるために行ったと解釈するものです。ただし、これらの記録は参考程度に扱うべきものです。

11世紀から17世紀の記録のうち、比較的内容が詳しい長久3年（1042）、天文23年（1554）、万治2年（1659）の記事を次に紹介します。『白山之記』に記されている長久3年の噴火は、山頂付近の室にいた一人の僧がみたものです。「ある夜半頃、二人の童子が土石を投げて室

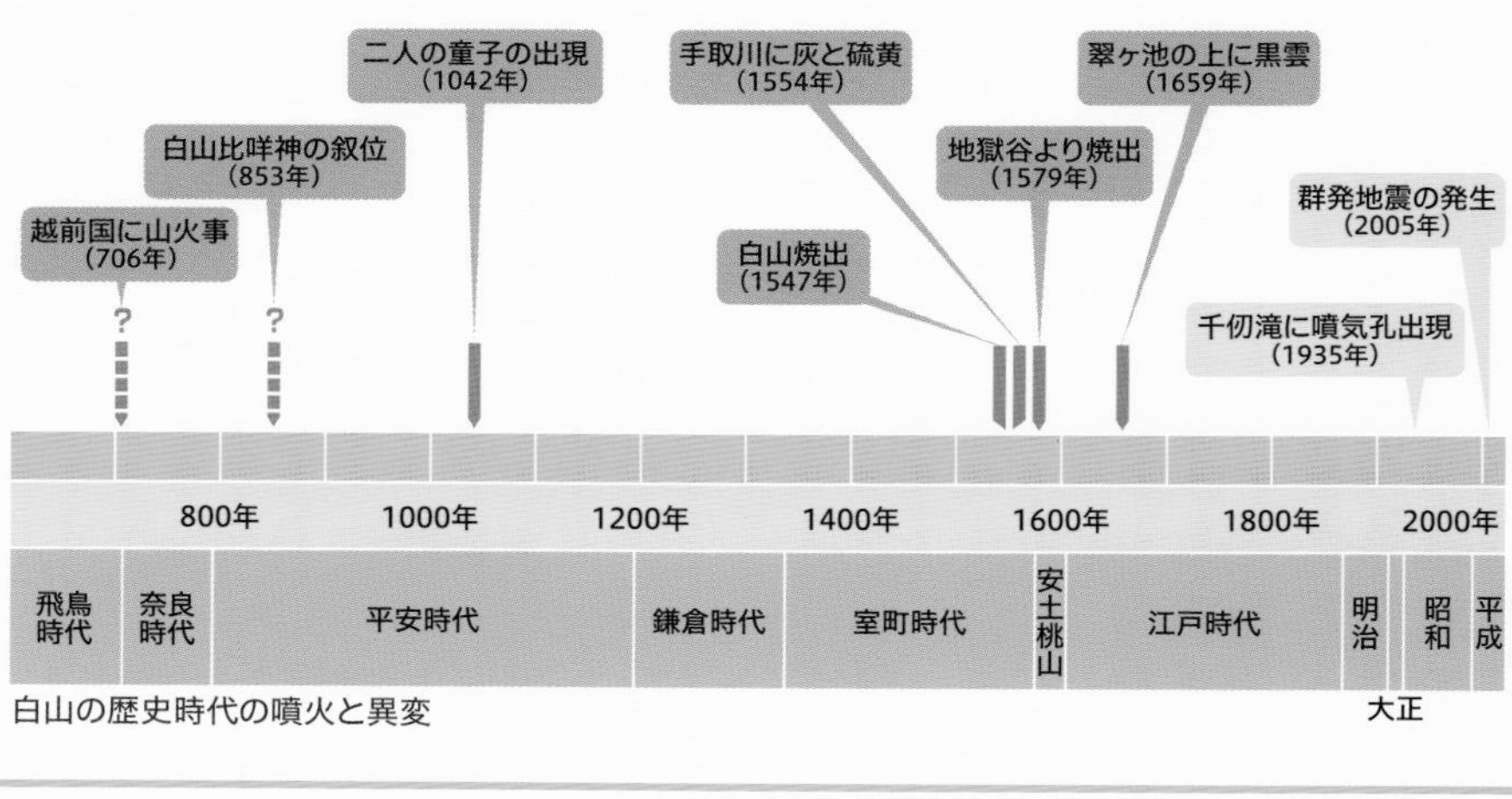

白山の歴史時代の噴火と異変

やお堂を埋めた。土石を掘った跡が二か所あり、一つは今は翠池と名付けられている。」という内容です。童子が噴煙を表し、室や堂が噴石によって埋まったことを示しています。夜中の出来事でしたが、火が見えたとか室が燃えたというようなマグマの放出をうかがわせる記述がないことから、この噴火は水蒸気爆発と考えられています。

天文23年の噴火は多くの史料に記されています。『白山宮荘厳講中記録』には、「四月一日(旧暦、以下同じ)に、禅頂(山頂)より煙が立ち登った。山伏を遣わして調べさせたところ、剣山(剣ヶ峰)の南方が焼け上がり大きな岩を噴き上げ、正殿の大床の屋根が打ち抜かれた。五月頃、大川(手取川)の水に灰と硫黄が流れ、魚が死に人々は水を飲まなかった。六月頃、剣山全体が籠の目のように煙が立ち上った。活動は弘治2年(1556)に止んだ。」と記されています。記事の内容から、長久3年とは異なり、高温のマグマを伴った噴火と考えられます。

万治2年の活動は、『荘厳講執事帳』に「六月八日に、御山(白山)の御厨之池(翠ヶ池)の上に黒雲が少しばかり出た。幾度も音が鳴り響いた後、雲の中より坊主の身なりで三人が頭をならべて脇より上を現した。」と記されています。

白山人驚いて傳ふ
白山の大異變
噴火の兆か湯煙か
千丈瀧附近に大怪煙
突如猛然と立ちのぼる
七キロ隔て明瞭に望見
湯煙なら大温泉
噴火とも思へる不審の點
竹内幸次氏は語る
通話三分間百圓!

昭和10年3月の白山の異変を報じる北國新聞　(3月7日夕刊)

噴気孔の出現と群発地震

万治2年以降白山は噴火していませんが、昭和10年(1935)3月に小規模な噴気孔(硫気孔)が出現しました。出現した場所は、山頂の南西約2キロメートルの湯の谷川支流千才谷にかかる千仞滝付近です。3月3日に地元民が山に猟に入った時に、千仞滝付近から立ちのぼる噴煙らしきものを発見しました。その後現地調査が行われ、噴火の前兆ではなく、小

群発地震24時間で732回
京大防災研が先月
白山が不気味な動きをみせている。京大防災研究所地震予知研究センターの大白川観測点(岐阜県白川村)が二月二十四日から二十五日にかけての二十四時間に、頂上直下で七百三十二回の群発地震をとらえた。専門家は「今までなかった現象」とするが、噴火との関連は分かっておらず、警戒を強めている。

白山直下で初観測
古本金大教授「噴火との関連不明」
マグニチュード(M)は最大1・5で、いずれも体に感じない小さな地震。震源の深さは白山頂上の海抜下一キロより浅いところで、これまでにも活動がみられたが、通常は一時間に一回も起きない場所で二月二十四日午後三時ごろから二十五日午前七時ごろまで七百回以上の地震が発生した。
白山直下の極微小地震は、金大が二〇〇〇年に臨時観測点を設置して初めて観測に成功。〇三年からは京大が大白川に観測点を設け、二十四時間連続観測を続けてきた。
金大大学院自然科学研究科・理学部の古本宗充教授(地球物理学)によると、地震波形は火山性微動ではなく、すぐに噴火するわけではないが、白山直下で群発地震を観測できたのは初めてという。古本教授は「今後も群発地震を繰り返すかもしれず、室堂にも二十四時間観測点を置きたい。噴火予知ができる可能性は高い」と話している。

平成17年2月に発生した群発地震を報じる北國新聞
(3月7日朝刊)

規模な噴気孔が発生したものと考えられました。噴気活動はその後なくなりました。この異変は白山が万治2年の噴火以降も、噴気活動を微弱ながら続けていたことを示すものといえます。

平成17年(2005)には、2月、4月、8月、10月に群発地震が白山直下で発生しました。2月の時のマグニチュードは1・4でしたが、その後、マグニチュードは大きくなり、10月には最大マグニチュードが4クラスで、観測史上最大規模でした。これらの群発地震は、地下のマグマの何らかの変化が原因である可能性もあります。

白山のマグマだまり

マグマだまりは地下に隠れている火山の源です。地下の状態を直接観察できませんが、地震の解析から白山の地下を探ることができ、マグマだまりの存在が推定されています。

白山及び周辺地域に発生した地震波の速度分布から、海面下10～14キロメートルに、約20～30キロメートルの広がりをもつ高温域の存在が推定されています。この高音域は岩石が数%融けており、マグマだまりと考えられています。白山の山頂部では、山頂直下の海面下およそ0～1キロメートルで、人体では感じることのできない微小地震が集中的に発生していますが、その下にも小さなマグマだまりが存在する可能性があります。また、過去に地殻とマントルの境界付近で発生した低周波地震も、マグマの存在を示唆するものです。

白山の監視

白山は現在表面的には静かですが、過去1万年間に何度も噴火し、古文書に歴史時代の噴火の様子が記されています。最も新しい記録は360年ほど前で、昭和10年には小規模な噴気孔が出現しました。マグマだまりの存在は、火山として現在も生きていることを示すものです。

日本列島に現在111の活火山があり、気象庁が火山活動を監視しています。活火山のうち、今後100年程度の中長期的な噴火の可能性及び社会的影響をふまえ、「火山防災のために監視・観測体制の充実等の必要がある火山」として、50の火山が選定されています。白山もその1つで地震計や空振計などを設置し、常時観測しています。

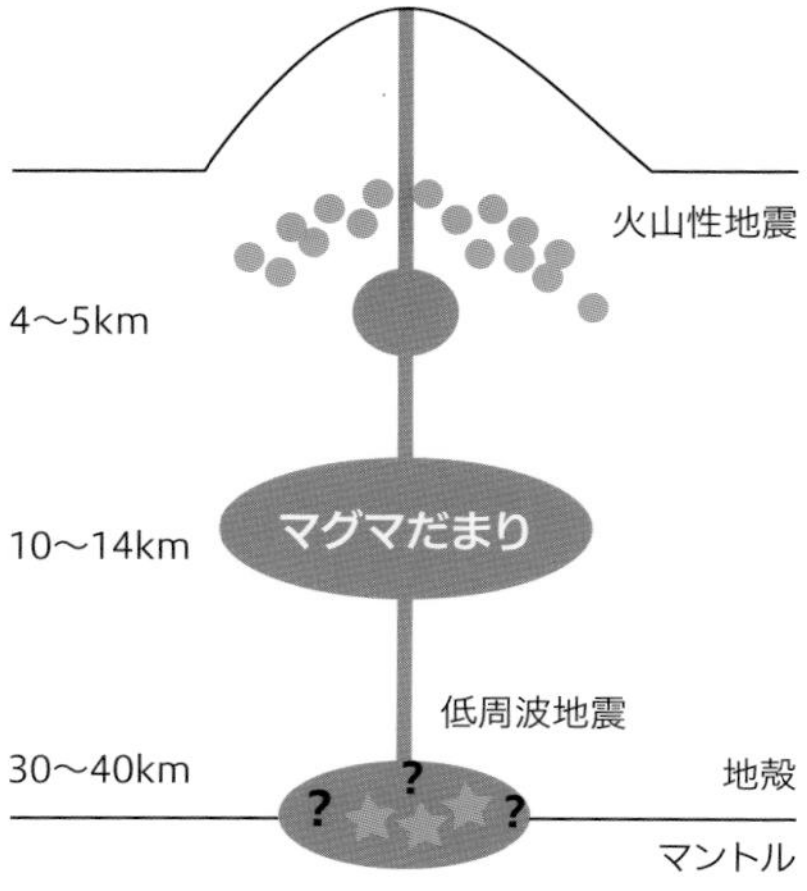

白山のマグマだまりの位置と地震の関係
平松(2006)の図に着色

白山を彩る植物

白山の植生の垂直分布

生育している植物の種類は、標高に応じて変化していきます。白山登山者のほとんどは別当出合から砂防新道、室堂を経て山頂へ向かうコースをとるが、このコースでも標高によって植生が変化していくのが分かります。

標高1600メートルぐらいまではブナなどの落葉広葉樹を中心にした植生になっており、そこから上は亜高山帯になります。一般に、亜高山帯はオオシラビソなどの常緑針葉樹林になっていることが多いが、白山の場合は冬の積雪の影響を受けるためか、オオシラビソ以外に広葉樹のダケカンバもまじりあって生育しています。

さらに標高が高くなり2200メートル前後になると、背の高い樹木は少なくなりハイマツ低木林が見られるようになります。ハイマツ低木林は高山帯を代表する植生です。しかし、高山帯の植生はハイマツ低木林以外にもさまざまなものがあり、モザイク状になっています。

高山帯に成立する植生は、積雪や土壌、風当たりなどさまざまな要因によって決まりますが、中でも、雪による影響が最も大きいと考えられます。山頂近くの風が強い場所は雪が吹き飛ばされ、低温と乾燥にさらされるため、極端に低木化してマット状になったガンコウランなどの風衝群落となっています。冬の季節風が強く当たる風衝地の尾根や斜面は、積雪があっても雪解けが早く、ハイマツ低木林が発達しています。逆に、積雪の多い風背側(強い風を受けない側)などの雪解けが遅い場所には、ミヤマハンノキ低木林が発達しています。ミヤマハンノキは柔軟性があり、積雪による重量にも折れることなく耐えることができます。

残雪がかなり遅くまで残るところには、雪田植物群落や湿原が見られます。ここでは融雪によって土が常に湿っていて、ハクサンコザクラやアオノツガザクラ、イワイチョウなど湿ったところを好む植物が生育しています。

また、比較的急な斜面で、雪崩が発生しやすいような場所などには、高茎草原と呼ばれる植生が発達しており、イブキトラノオやニッコウキスゲなど白山のお

高山帯の積雪と植生

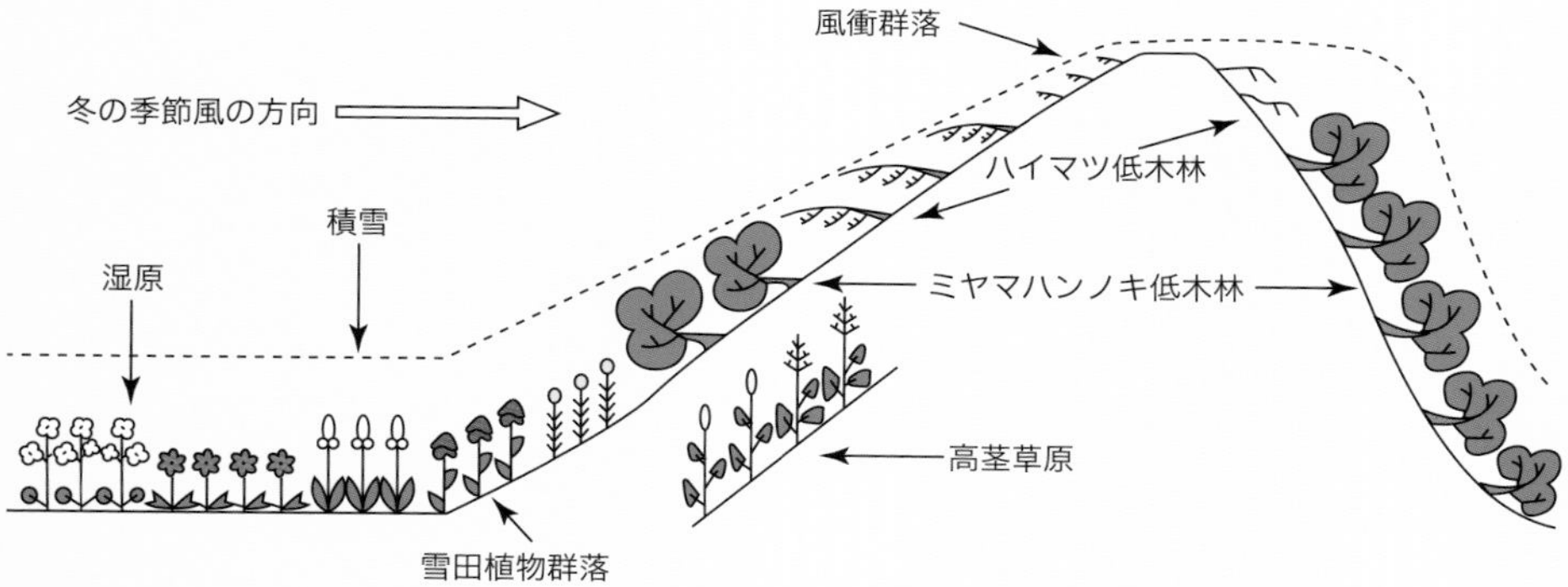

ハイマツ低木林

花畑を代表するさまざまな植物が生育しています。

白山の名にちなんだ植物

高山植物には白山にちなんで名付けられた植物がいくつもあります。「日本植物目録」(環境庁編)には、ハクサンシャクナゲやハクサンコザクラなど標準和名にハクサンと付く植物が18種あります。そのほか、ゴゼンタチバナのゴゼンは白山の主峰、御前峰を、オヤマリンドウのオヤマは白山の御山を指すといわれています。

これまでのところ、白山のみに分布する種、いわゆる固有種はほんのわずかしか確認されていませんが、DNAの分析では、白山の高山植物の中には他の山系とは異なる白山固有のDNAを持つ種が多数確認されています。つまり、色や形態では区別できなくても、DNAレベルでは分化している種があるということです。このような分化は、日本の高山帯がそれぞれ離れ小島のようになっており、遺伝的な交流が難しかったためにおきたと考えられています。

ハクサンコザクラ

ニッコウキスゲ

白山の名にちなんだ植物

和 名(科名)	主な生育環境
ハクサンチドリ(ラン科)	山地帯から高山帯の低茎草本群落
ハクサンスゲ(カヤツリグサ科)	亜高山帯・高山帯の湿地
ハクサンイチゴツナギ(イネ科)	亜高山帯・高山帯の草原
ハクサントリカブト(キンポウゲ科)	亜高山帯・高山帯の高茎草原
ハクサンイチゲ(キンポウゲ科)	高山帯の低茎草本群落
ハクサンタイゲキ(トウダイグサ科)	亜高山帯の高茎草原
ハクサンフウロ(フウロソウ科)	高山帯の高茎草原
ハクサンハタザオ(アブラナ科)	山地帯・亜高山帯の渓流沿い、斜面
ハクサンコザクラ(サクラソウ科)	高山帯の湿原・湿性雪田群落
ハクサンシャクナゲ(ツツジ科)	高山帯のハイマツ低木林林縁
ハクサンオオバコ(オオバコ科)	高山帯の湿原・湿性雪田群落
ハクサンカメバヒキオコシ(シソ科)	山地帯の高茎草原
ハクサンシャジン(キキョウ科)	亜高山帯の風衝の草原
ハクサンアザミ(キク科)	山地帯の高茎草原
ハクサンカニコウモリ(キク科)	山地帯の林内
ハクサンオミナエシ(スイカズラ科)	山地帯・亜高山帯の岩場
ハクサンサイコ(セリ科)	高山帯の高茎草原
ハクサンボウフウ(セリ科)	高山帯の低茎草本群落
ゴゼンタチバナ(ミズキ科)	亜高山帯からハイマツ低木林の林内、林縁
オヤマリンドウ(リンドウ科)	山地帯から亜高山帯の草原

※科名はAGP体系によった

ハクサンチドリ

ハクサンシャクナゲ

多くの高山植物が白山を分布の西限とする

高山植物は主に高山帯を中心に分布する植物で、白山には約250種の高山植物が生育しているといわれています。白山は、高山帯を有する山としては日本で最も西に位置しています。白山より西には大山（標高1729メートル）や石鎚山（標高1982メートル）などがありますが、いずれも白山よりも標高が低く高山帯はありません。そのため、白山に生育する高山植物のうち、高山帯を代表する植物のハイマツや石川県の郷土の花、クロユリなど100種以上が、白山を日本における分布の西限となっています。

クロユリの分布図

「原色日本野外植物図譜」（1983・奥山春季）を改変

石川県の「郷土の花」クロユリ

ハクサントリカブト

石川県白山自然保護センター

白山に暮らす動物たち

ツキノワグマ

ニホンザル

山ろくの大型哺乳類《ほにゅうるい》や鳥類

白山ろくの標高400メートルから1600メートルあたりまではブナやミズナラなどから成る落葉広葉樹林が見られます。その一方で、多量の降雪や急峻な地形が、草地や岩礫地といった多様な環境を作り出しています。これらの環境はツキノワグマ、ニホンザル、ニホンカモシカなどの大型哺乳類に豊富な餌資源や生活場所を提供しています。

ツキノワグマは白山では落葉広葉樹林を中心に分布していますが、夏には高所まで移動することがあり、室堂や山頂付近などの高山帯でも確認されています。ニホンカモシカもツキノワグマと同様に広く分布していますが、高山帯まで移動することはほとんどありません。ニホンザルは尾添川流域中心に分布しており、何十頭もの群れを目にすることも少なくありません。これら3種は近年標高の低い地域にまで分布範囲を広げており、時には市街地でも目撃されることがあります。さらに、これまで目にすることがほとんどなかったニホンイノシシやニホンジカが白山ろくに定着し、その数も増加しているようです。

白山の落葉広葉樹林の鳥類として、イヌワシやクマタカといった大型猛禽《もうきん》類が尾添川流域で観察できます。イヌワシは翼を広げると2mにも達する全身が黒褐色の大型の鳥で、石川県の県鳥にも指定されています。クマタカは両翼を広げた大きさが1・5m、翼の下面には縞《しま》模様がついています。これら大型の鳥以外にも、ヒガラ、コガラ、シジュウカラなどのカラ類やメボソムシクイ、コルリ、ゴジュウカラ、キビタキなどの小型の鳥類も林内でその姿を目にしたり、声をきいたりできますし、アカゲラやアオゲラなどのキツツキ類が木の幹をくちばしでたたくドラミングの音もきくことができます。

クマタカ

ニホンカモシカ

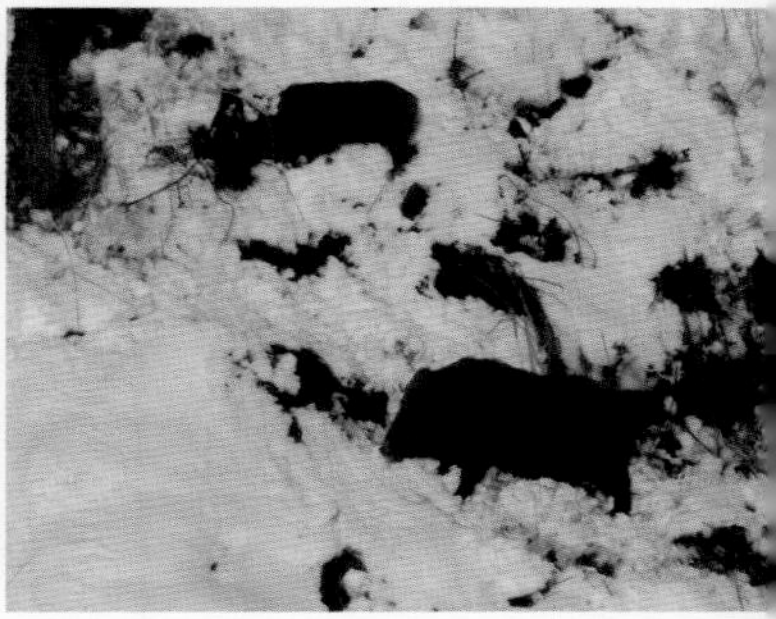
ニホンイノシシ

ゴジュウカラ

アカゲラ

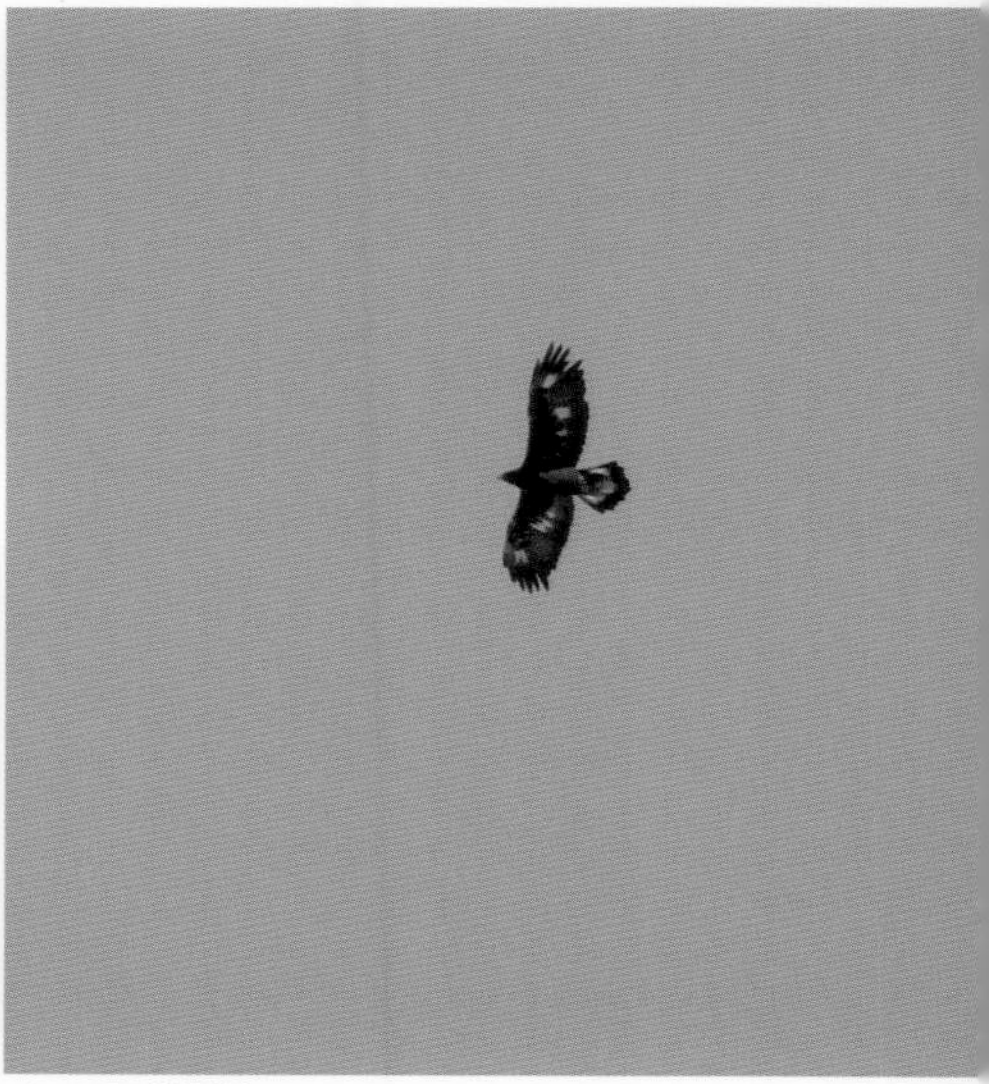
イヌワシ（若鳥）

ウソ

オコジョ

カヤクグリ

イワヒバリ

ビンズイ

ホシガラス

亜高山帯と高山帯の動物

標高1600メートルから2400メートルまでの亜高山帯、標高2400メートル以上の高山帯では標高の低い地域とは異なった動物が生息しています。オコジョはその代表ともいえる小型の哺乳類で、標高2000m以上の登山道や建物周辺でその姿が時折観察できます。かわいい姿とは対照的にどう猛で、ネズミや小鳥などを襲って食べます。一方鳥類では、夏の間カヤクグリ、イワヒバリ、ルリビタキ、ビンズイ、ウソ、ウグイス、ホシガラスなどが観察できます。イワヒバリは山頂付近の岩場で、カヤクグリやビンズイは枝の上でさえずっている姿がよく見られます。ホシガラスはハイマツの松かさの種子を取り出して食べ、秋には登山道にその残がいがよく見つかります。

植物と同様、動物にも白山を分布の西限とする種類がいます。オコジョは白山より西には分布しておらず、イワヒバリは白山が繁殖地の西端にあたっています。

信仰の対象としての白山

白山信仰の広がり

白山は、古くから信仰の対象としてあがめられてきました。日本海に面した独立峰で、周辺に高い山もない白山は、平野部や海からその姿を仰ぎ見ることができます。山頂部は一年の半分以上を雪で覆われ、まさに白き山に姿を変えます。いにしえの人々にとって、その姿はある意味では近寄りがたく恐れ多いものであり、その裏返しとして、自分たちを守ってくれる神のような存在としてとらえたのではないでしょうか。農業用水の源であり水神様として、また、海上交通の目印として航海と漁労の守護神でもありました。

白山信仰の広がりを示すものに、全国の白山神社の分布があります。大正年間の神社明細帳によれば、44都府県にまたがって2716社の白山神社があります。また、平成8年の同明細帳には46都道府県（残りは沖縄県）に2281社の白山神社が記録されています。白山に隣接する県に多くの神社があるのはもちろんですが、白山神社は全国にまたがってあります。

これは、海上交通の目印になっていたことや、石徹《いと》白《しろ》の「御師《おし》」による「護符《ごふ》」などの配布活動も大きいようです。また、白山は京都や奈良など古代の政治や仏教界の核心地域に近く、「越のしらやま」として詩歌にも詠まれ、中央仏教僧が早くから来山していました。すなわち、白山は地域的な信仰対象としてでなく、全国的規模での信仰対象とされてきたのです。

山岳信仰の発展とともに、最初は麓《ふもと》から眺め拝むだけであった神聖不可侵の御山に登り、修行する人々が出てきます。白山に最初に登り、開山したと伝えられているのが泰澄《たいちょう》大師です。泰澄伝承を伝える『泰澄和尚伝記』によれば、泰澄は越前国麻生津村《あそうづむら》（現在の福井市）に生まれ、夢で貴女の霊告を受けて、養老元年（717）、白山の登頂を果たします。頂上の翠ケ池《みどりがいけ》で最初に九頭龍王、次いで妙理大菩薩《ぼさつ》の本地（仏としての姿）である十一面観世音菩薩の姿を拝み、別山で聖観世音菩薩を本地とする小白山大行事と名の

都道府県ごとの白山神社の数

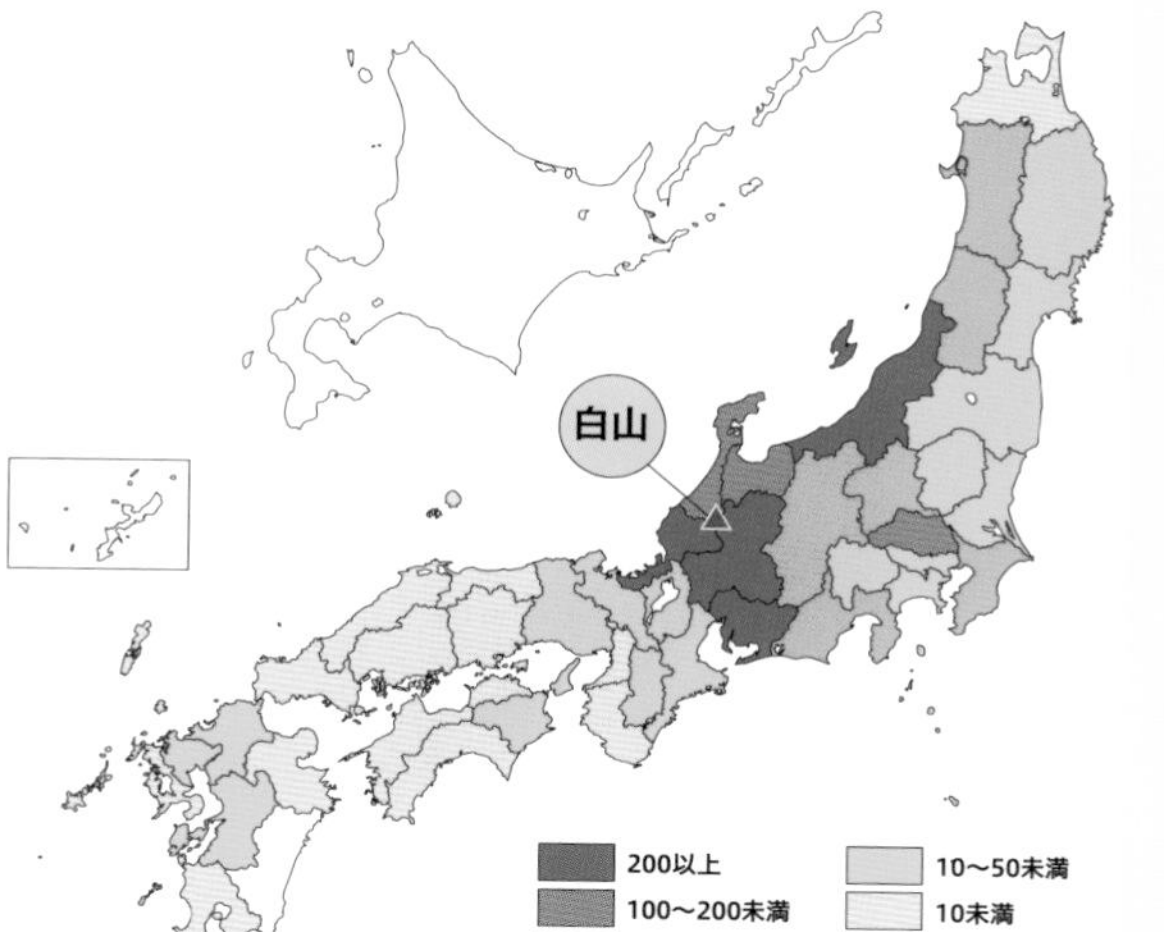

大正２年の「神社明細帳」（内務省神社局）による。この大正2年の神社明細帳には記録されていないが、平成8年の同記録（白山神社の総数：2281社）には、北海道や宮崎県にも白山神社があることが記されている。北海道の白山神社は、北陸からの開拓移民によって建立されたものである。

る男神を、大汝峰《おおなんじがみね》では阿弥陀如来を本地とする大己貴《おおなむち》神の三神を拝んだとされます。

禅定道と馬場《ばんば》

先の伝承では、三神を拝した泰澄は山頂にとどまって千日修行をしたと記されています。白山にも修行僧が登るようになり、白山へ登る道が作られていきます。この山道のことを禅定道《ぜんじょうどう》といいました。禅定とは神や仏の住む世界のことであり、この聖なる世界で修行することを指したと思われます。

木造泰澄大師坐像
（林西寺・白山本地堂収蔵）

白山の禅定道は、白山をとりまく加賀・越前・美濃の三国から成立し、それぞれ加賀禅定道・越前禅定道・美濃禅定道と名付けられました。そして、その起点となった麓の場所は馬場といいました。山麓にあって馬を留め置いた所で、白山信仰の拠点となりました。禅定道ごとに加賀馬場・越前馬場・美濃馬場が成立します。これらの成立は、古文書や山頂部の考古学的調査から1000年以上前であることが指摘されています。

加賀馬場は現在の石川県白山市の白山《しらやま》比咩《ひめ》神社、越前馬場は福井県勝山市の平《へい》

翠ヶ池

泉寺《せんじ》白山神社、美濃馬場は岐阜県郡上市白鳥町の長滝《ながたき》白山神社です。

加賀馬場—白山比咩神社

加賀禅定道の起点、「白山比咩神社」は石川県白山市にあります。祭神は白山比咩大神（菊理媛尊《くくりひめのみこと》）、伊弉諾《いざなぎ》尊、伊弉冉《いざなみ》尊です。現在地は白山市三宮ですが、15世紀末までは手取川の安久濤《あくど》ヶ淵《ふち》に臨《のぞ》む旧北陸鉄道加賀一宮駅付近にありました。安久濤ヶ淵は、泰澄大師が貴女から白山へ登るお告げを受けた場所と伝えられています。

平安時代には、本宮四社（本宮・金剱宮・三宮・岩本宮）と中宮三社（中宮・佐羅宮・別宮）を合わせて白山七社と称し、加賀の国守を罰するために神輿《みこし》を担いで京都まで強《ごう》訴《そ》するなど勢力が増大しました。しかし、戦国時代には一向一揆《いっこういっき》により堂社が焼き払われ大きな打撃を受けます。江戸時代には加賀藩の保護を受けましたが、白山の権益をめぐる争いが起こり（明暦・寛文の白山争論）、最終的に越前馬場の平泉寺が

白山市三宮にある白山比咩神社

白山の禅定道と馬場

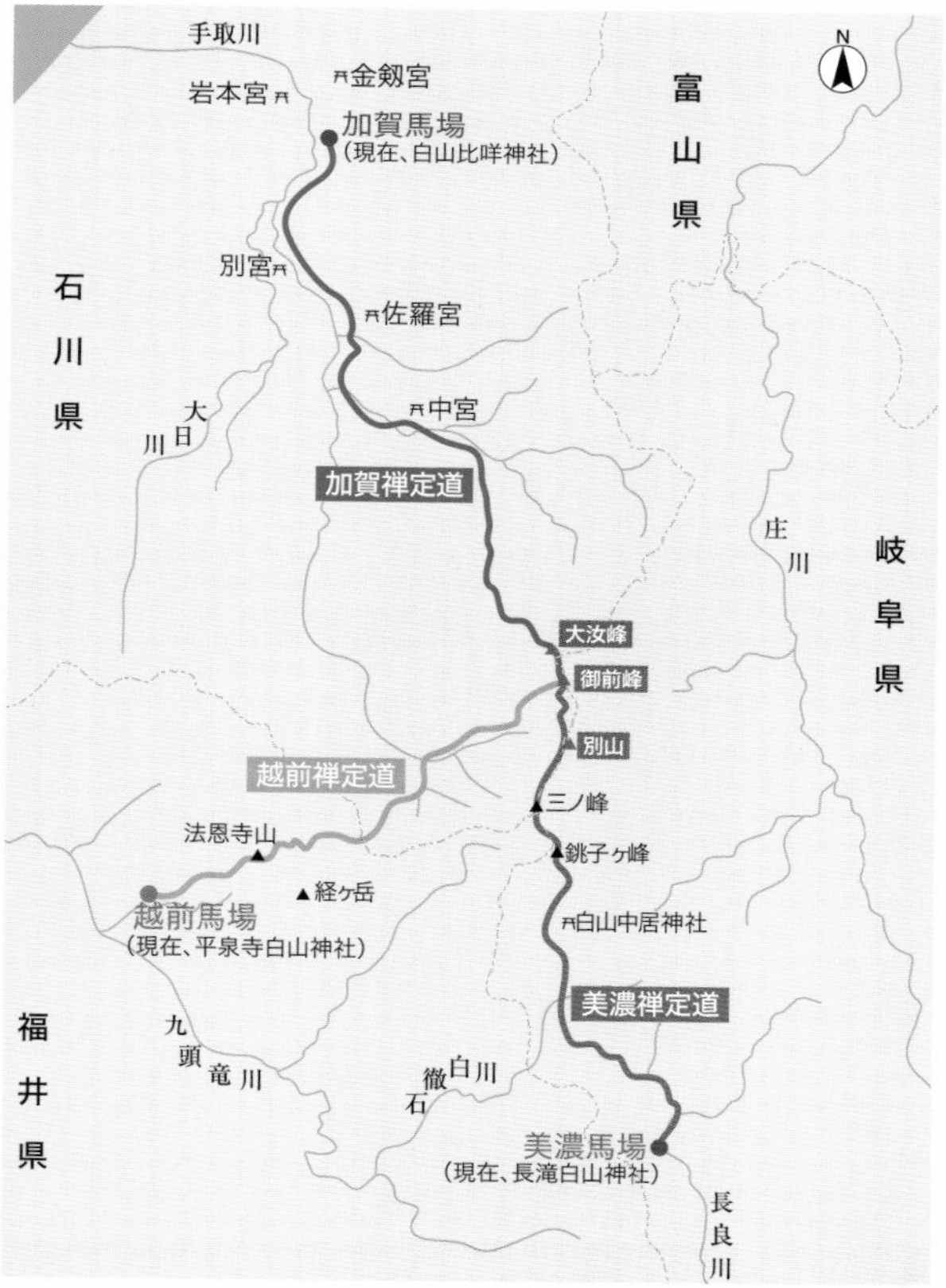

白山を管轄することになり、一時、加賀馬場としての存立基盤を失いました。

しかし、明治になり神仏分離令が出されると、白山山頂においても仏教色が排除され、山頂部の支配権も変化していきます。平泉寺社領であった白山山頂部や旧天領の「白山麓十八ヶ村」は石川県の所属となり、明治6年には、白山山頂の社や室は平泉寺に代わって白山比咩神社にまかせられることになり、現在に至っています。

御前峰山頂には白山比咩神社奥宮が置かれ、夏山シーズンには神職による日供祭が執り行われます。

平泉寺白山神社

長滝白山神社

御前峰山頂の白山比咩神社奥宮

室堂平にある白山比咩神社奥宮祈祷殿

山頂に最も近く大人数を収容可能、
2020年から水洗公衆トイレ供用開始

白山室堂ビジターセンター

白山登山の中心基地

食堂での食事風景

宿泊棟の準備完了

水洗トイレを供用

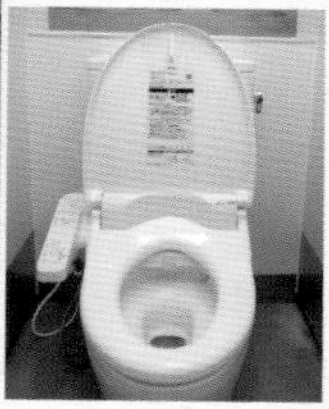

白山室堂は標高2,450メートルに位置し、山頂の御前峰に最も近く、白山登山の中心基地となる施設です。現在の白山室堂ビジターセンターは、平成14年（2002）にリニューアルされ、施設内には宿泊棟、食堂、売店のほか、診療所、郵便局など充実した設備が整っています（事情により開設されない場合があります）。

2020年からは水洗公衆トイレの供用が始まっています。個室タイプの白山雷鳥荘は室堂とは別料金で営業しています。

個室タイプの宿泊棟「白山雷鳥荘」

白山荘は自炊ができる宿泊棟

全シーズン予約制を実施しています。

営業期間 変更になる場合があります。

- ●春山 5月1日～6月30日（素泊のみ）
- ●夏山 7月1日～8月31日（お食事付）6月30日の夕食から
- ●秋山 9月1日～10月15日予定（お食事付）

宿泊料金 （室堂）2020年7月1日現在

- ●素泊 大　人 6,200円／中学生以下 4,300円
- ●食事 夕食 1,900円　朝食 1,200円　昼弁当 1,200円

予約受付 4月1日～10月15日（毎日）午前9時～午後5時

白山室堂・白山雷鳥荘予約センター TEL.076-273-1001

中腹の山小屋、相部屋形式と貸切ケビン、野営場も完備

白山南竜山荘

登山初心者に好適

山荘のベッド部屋

標高2,080メートル、白山の南竜ヶ馬場にある宿泊施設です。150名を収容でき、相部屋形式の山荘と、小部屋を貸切ることができるケビンがあります。山荘では、1泊2食の食事の提供があります。トイレは水洗で温水洗浄便座を備え、女性登山者に好評です。

ケビンは山荘と別棟で、南竜野営場に隣接しています。食事は、予約しておけば山荘で用意してくれるほか、野営場の設備を利用して、自炊することもできます。野営場では星空のもと、テントを張って夜を過ごすことができます。

ケビンの室内

水洗トイレが完備

南竜野営場

全シーズン予約制を実施しています。

営業期間

変更になる場合があります。

7月1日～10月15日

宿泊料金 2020年7月1日現在

●素泊 大人 6,000円 中学生以下 4,300円

●1泊2食 大人 9,100円 中学生以下 7,400円

●食事 夕食 1,900円 朝食 1,200円 弁当 1,100円

●ケビン（1部屋定員5名） 1部屋 14,000円

●野営場 清掃協力金 大人 300円 中学生以下 150円

予約受付 4月1日～10月15日（毎日） 午前9時～午後5時

南竜山荘予約センター TEL.076-259-2023

石川県白山自然保護センター

自然を保全し利用する多彩な活動
出版物の発行や調査・研究、登山道の管理も

石川県白山自然保護センターは、白山地域の自然環境の保全及び自然との調和のとれた適正な利用を図るため昭和48年に設立されました。白山を自然教育の場としてとらえ、広く白山の自然について関心と理解を深める活動をしています。

中宮展示館などの展示・観察施設を設けているほか、普及誌「はくさん」（年3回発行）や「白山の自然誌」（年1回発行）といった出版物を発行し、自然の魅力や自然の中で育まれた生活文化について紹介しています。また、四季を通じての自然体験教室、各展示施設で周辺を案内するガイドウォークなども実施し自然を体感する場を提供しています。

そのほかに、白山の動物・植物、地形地質・人文に関する基礎的・応用的な調査・研究を行い、自然保護施策へ貢献するとともに、成果を研究報告として発表しています。また、白山国立公園や県立自然公園内の許認可業務や室堂、南竜ヶ馬場施設や登山道などの管理業務を担っています。

白山市木滑ヌ4　☎076（255）5321

中宮展示館（中宮温泉ビジターセンター）

楽しく学べる展示が充実、蛇谷自然観察路の散策ガイドも

白山地域の自然やそこに暮らしてきた人々の生活について紹介する普及活動の中心的施設として、昭和48年に開設されました。

白山のブナ林を体験することができる「森に遊ぶ」コーナー、自然と密接に結びついた暮らしをしてきた先人たちの生活を紹介した「白山に生きる」コーナー、白山の生い立ちを教えてくれる「白山の地質」コーナーなど、体験しながら楽しく学べる展示となっています。

土・日・祝日には、周辺の蛇谷自然観察路を散策するガイドウォーク（1～2時間程度、無料、団体は要予約）を行っています。

館内展示「森に遊ぶ」コーナー

蛇谷観察路でのガイドウォーク

中宮展示館周辺で見られるニホンザル

開館期間/5月1日～11月10日
開館時間/午前9時～午後4時30分
白山市中宮オ9
☎076（256）7111

市ノ瀬ビジターセンター

登山情報や自然情報を提供、休憩所にはくつろぎスペース

平成12年6月、環境庁によって開設、平成20年にリニューアルされました。白山登山の重要拠点として、登山情報や周辺の動植物などの自然情報も提供しています。

また、隣接する市ノ瀬休憩所は平成30年10月に環境省により開設され、屋内の畳スペースや屋外テラスにはデッキチェアも設けられくつろぐことができます。土・日・祝日には、周辺の観察路などを楽しむガイドウォーク（1～2時間程度、無料、団体は要予約）を行っています。

白山展望台へのガイドウォーク

市ノ瀬休憩所の屋外テラス

市ノ瀬園地

開館期間/5月1日～11月5日
開館時間/午前8時45分～午後5時
白山市白峰（市ノ瀬）
☎076（259）2504

ブナオ山観察舎

野生動物の観察施設、職員による観察指導や解説も

白山一里野温泉スキー場から1・5キロメートル奥に位置します。ニホンカモシカ、ニホンザル、ツキノワグマ、イヌワシなど白山に生息する野生動物を自然のままの姿で観察できる施設として、全国に先駆けて昭和56年に開設されました。

双眼鏡、望遠鏡が常設され、自由に使うことができます。開館期間中は、職員が観察指導や解説を行っています。

また、積雪時の土・日・祝日には「かんじき」を履いて雪上でのかんじきハイク（1～2時間程度、無料、団体は要予約）を行っています。

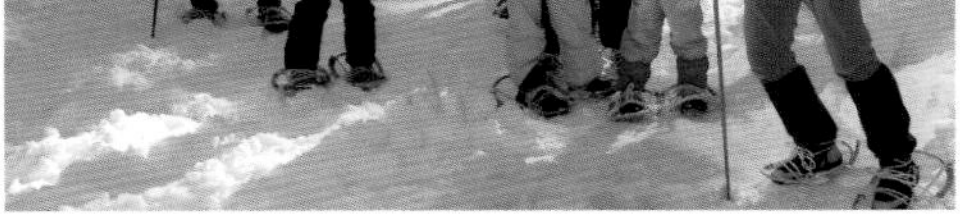

かんじきハイク

館内から望遠鏡を使っての動物観察

ニホンカモシカ

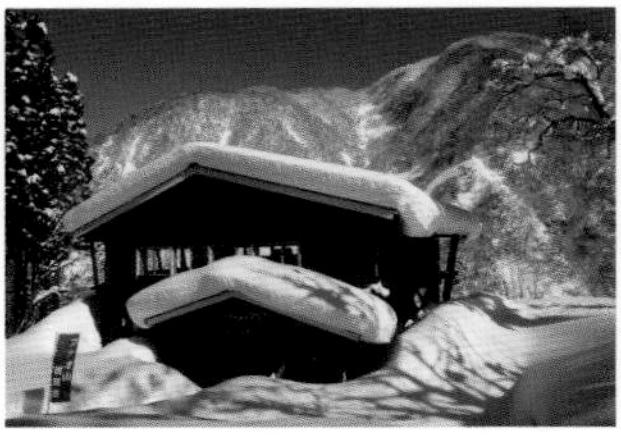

開館期間/11月20日～5月5日
開館時間/午前10時～午後4時
白山市尾添
☎076(256)7250

白山手取川ジオパークの見どころ

白山手取川ジオパークは、「山と雪のエリア」「川と峡谷のエリア」「海と扇状地のエリア」の3つのエリアで構成され、その中に多くの見どころが設定されています。

ここでは各エリアの見どころを一部紹介します。登山の際に立ち寄り、楽しみの一つに加えてみませんか。（白山登山道沿いの見どころはコースガイドで紹介しています。）

山と雪のエリア

桑《くわ》島《じま》化《か》石《せき》壁《かべ》

約1億3000万年前（中生代白亜紀前期）の化石産出地で、当時の一風景を再現できるほど、多種多様な動植物の化石が大量に発見されています。

桑島化石壁は明治初期に白山を訪れたライン博士によって植物化石が発見され、その友人ガイラー博士により化石から地質時代を推定する論文が発表されてから、多くの調査研究が行われたため、日本の地質学・古生物学発祥の地と言われています。昭和32年（1957）には日本最古の立木の珪化木産地として、国の天然記念物に指定されています。

また、植物のみならず、恐竜をはじめハ虫類、哺乳類などの多種多様な化石を産出し、中生代の多様性あふれる古環境を知るうえで重要な位置づけとなっています。

手取川を挟んだ対岸には、桑島化石壁で発見された化石をはじめ、恐竜などさまざまな化石を展示する白山恐竜パーク白峰があります。恐竜の骨格のレプリカを見たり、化石発掘体験などが楽しめます。

白山恐竜パーク白峰

玉石《たまいし》

桑島化石壁と同じ恐竜時代の地層・手取層群《てとりそうぐん》の礫《れき》の中には、正珪岩《せいけいがん》（オーソコーツァイト）と呼ばれる固い円礫《えんれき》が多く含まれる部分があります。正珪岩は日本ではもっとも古い石に属していて、円礫が手取川の河床に流れ出したものは「手取の玉石」などと呼ばれ、地域では親しまれています。

百万貫《ひゃくまんがん》の岩

昭和9年（1934）に起こった手取川大洪水の際に、上流の宮谷川から約3キロメートル流されてきたと考えられている巨大な岩。高さ約16メートル、周囲約52メートル、重量は約4800トン（129万貫）で石川県天然記念物に指定され、日本の地質百選にも選ばれています。

白山市白峰重要伝統的建造物群保存地区

山間地にありながら、狭い段丘面上に密集した集落は、町家のような様相を呈しています。積雪が4メートルを超えることがある豪雪地帯で、古くより養蚕が主産業であったことから、室温を一定に保つことができる土蔵造りを基本とする独特の建築様式を生み出し、今も往時の面影を色濃く残しています。平成24年（2012）には、国の重要伝統的建造物群保存地区に選定されています。

ライン博士顕彰碑

手取層群の地質学的研究の発端となったドイツの地理学者ライン博士の功績を称えた記念碑。ライン博士は明治7年（1874）に白山に登頂し、その帰路に化石壁付近で植物化石を採集しました。顕彰碑は旧白峰村桑島の有志が建立し、毎年、顕彰碑前で博士の遺徳を偲ぶライン祭が行われています。

山と雪のエリア

でくまわし

白山ろくの深瀬と東二口地区に、古くから伝承されてきた人形芝居で、国の重要無形民俗文化財に指定されています。2つの地区では毎年2月に一般公開公演が開催され、東二口では東二口歴史民俗資料館にて、深瀬地区ではダム建設後の移転先、深瀬新町で行われています。

手取川ダム

コンクリートを使わず土や岩石を積み上げて造られている国内屈指のロックフィルダム。堤体には、周辺に存在した恐竜時代の礫岩を使用しています。治水や発電など、多目的ダムとして建設され、霊峰白山を水源とする手取川の豊富な水の利用もされています。

手取層群五味島層の礫岩（左側の石）

白山高山植物園

白山地域の高山植物の保護を目的に、低地栽培試験に取り組んでいる場所です。毎年6月初旬から7月上旬には一般公開され、白山に登らなければ見ることができない高山植物を誰でも気軽に観賞できます。また、絶好の白山眺望ポイントとなっています。

太田の大トチノキ

白峰にある国内最大と言われるトチノキ。幹まわり13メートル、樹高が25メートルもあり、樹齢は1300年と考えられています。その巨大な姿に、白山の自然のふところの深さを感じます。国の天然記念物に指定され、新日本の名木百選にも選ばれています。

ふくべの大滝

巨大な火山岩体である濃飛流紋《のうひりゅうもん》岩類が広く分布する蛇谷には、蛇谷八景《じゅだにはっけい》と言われる大小8つの滝があります。ふくべの大滝は、白山白川郷ホワイトロードの石川県側の料金所から行くと、最後に見ることができる滝で、最も大きく、落差は86メートル。両岸にそそり立つ岩壁がスケールの大きさを物語っています。

蛇谷峡谷《じゃだにきょうこく》

手取川の源流の一つである蛇谷がつくる急峻なV字の谷。山地の隆起にともない、蛇谷一帯に分布する濃飛流紋《のうひりゅうもん》岩類が河川により深く削られて形成されました。峡谷沿いを白山白川郷ホワイトロードが通っていて、新緑と紅葉の季節には、見事な景観を楽しませてくれます。

姥ヶ滝《うばがたき》

滝が岩肌に沿い数十丈の流れとなって落ちる様が、まるで白髪の老婆が髪を振り乱したように見えることから、この名がついたと言われています。平成2年（1990）には、日本の滝百選に選定。蛇谷園地駐車場から徒歩約20分で着き、向かいには無料混浴露天風呂・足湯が設置された親谷の湯があります。

東二口のでくの舞

深瀬新町のでくまわし

瀬戸の夜泣きイチョウ

樹高35メートル、幹まわり9.8メートル、樹齢500年以上と推定されるイチョウの大木。石川県内では最大級の大きさです。名前の由来は、昔、この木の上に天狗が棲んでいて、夜になると大声で泣いたという言い伝えにあります。

川と峡谷のエリア

手取峡谷

急流河川である手取川の急激な下方浸食により、地層が削られ形成された美しい峡谷です。対山橋《たいざんはし》から黄門橋《こうもんはし》までの約8キロメートルにわたり、高さ20〜30メートルの絶壁が続いています。河床には、急流河川に形成されやすい甌穴《おうけつ》（ポットホール）を見ることができます。

白山ろくテーマパーク吉岡園地

手取川中流域の両岸に発達した、河岸段丘の面や崖を利用して整備されたテーマパークです。白山ろくをイメージした「ロックガーデン」、春から秋まで彩り鮮やかな一年草を植えた「大花壇」などがあり、白山ろくの美しい景観や四季を体感できます。

福岡第一発電所

手取川本流初の発電所として明治44年（1911）に建設されました。赤煉瓦造りの建物で、当時の洋風建築の要素である丸窓や半円アーチなどを取り入れています。貴重な近代洋風発電所建築として、国登録有形文化財に指定。現在も北陸電力の水力発電所として稼動しています。

綿ケ滝《わたがたき》

手取峡谷に落ちる落差32メートルのダイナミックな滝。水しぶきが落下する様子が、綿が舞っているように見えるとのことから、この名がつけられたと言われています。流れ下りる水流の大迫力や峡谷の景観美と相まって、絶景スポットとなっています。

鳥越城跡《とりごえじょうあと》附《つけたり》二曲《ふとげ》城跡《じょうあと》

手取川と支流の大日川に挟まれた標高312メートルの丘陵上に鳥越城跡があります。ここは織田信長軍の攻勢に、加賀一向一揆の砦として、最後まで抵抗し、かつて激しい戦いがあった地域です。

鳥越城跡のある丘陵は城山と呼ばれ、手取川と大日川の浸食作用により削り残された場所で、河岸段丘などの周辺の地形が見渡せます。訪れてみると、そこに城が築かれた理由がよくわかります。

大日川を挟んだ対岸には対になる二曲城が築かれ、鳥越城とともに国指定史跡となっています。

海と扇状地のエリア

獅子《しし》吼《く》高原《こうげん》

標高650メートルの後高山《しりたかやま》周辺の高原で、ゴンドラで気軽に上がることができます。山頂周辺からは、平野部を流れる手取川と日本海に向けて広がる手取川扇状地を一望。レジャー施設として、「パーク獅子吼」と「スカイ獅子吼」があり、家族連れをはじめ幅広く親しまれています。

白山《しらやま》比《ひ》咩《め》神社《じんじゃ》

霊峰白山を御神体とする全国白山神社の総本宮です。養老元年(717)、越前の泰澄《たいちょう》大師が初めて白山に登拝すると、以降、白山は修行の聖地となり、全国に白山信仰が広まりました。白山登拝が盛んになると、白山比咩神社は加賀馬場《ばんば》の中心として栄え、加賀禅定道の起点となりました。白山信仰の中心地にふさわしい荘厳さを備えた神社です。

手取川七ヶ用水

写真の白山頭首工《しらやまとうしゅこう》から、手取川の水を用水路に引き込んで、右岸の手取川七ヶ用水と左岸の手取川宮竹用水により、流域7400ヘクタールの農地に農業用水を安定供給しています。

豊かな水資源は農業灌漑だけでなく、水力発電や親水用水、防火用水、消流雪用水などにも活用され、生活に欠かせない役目を果たしています。

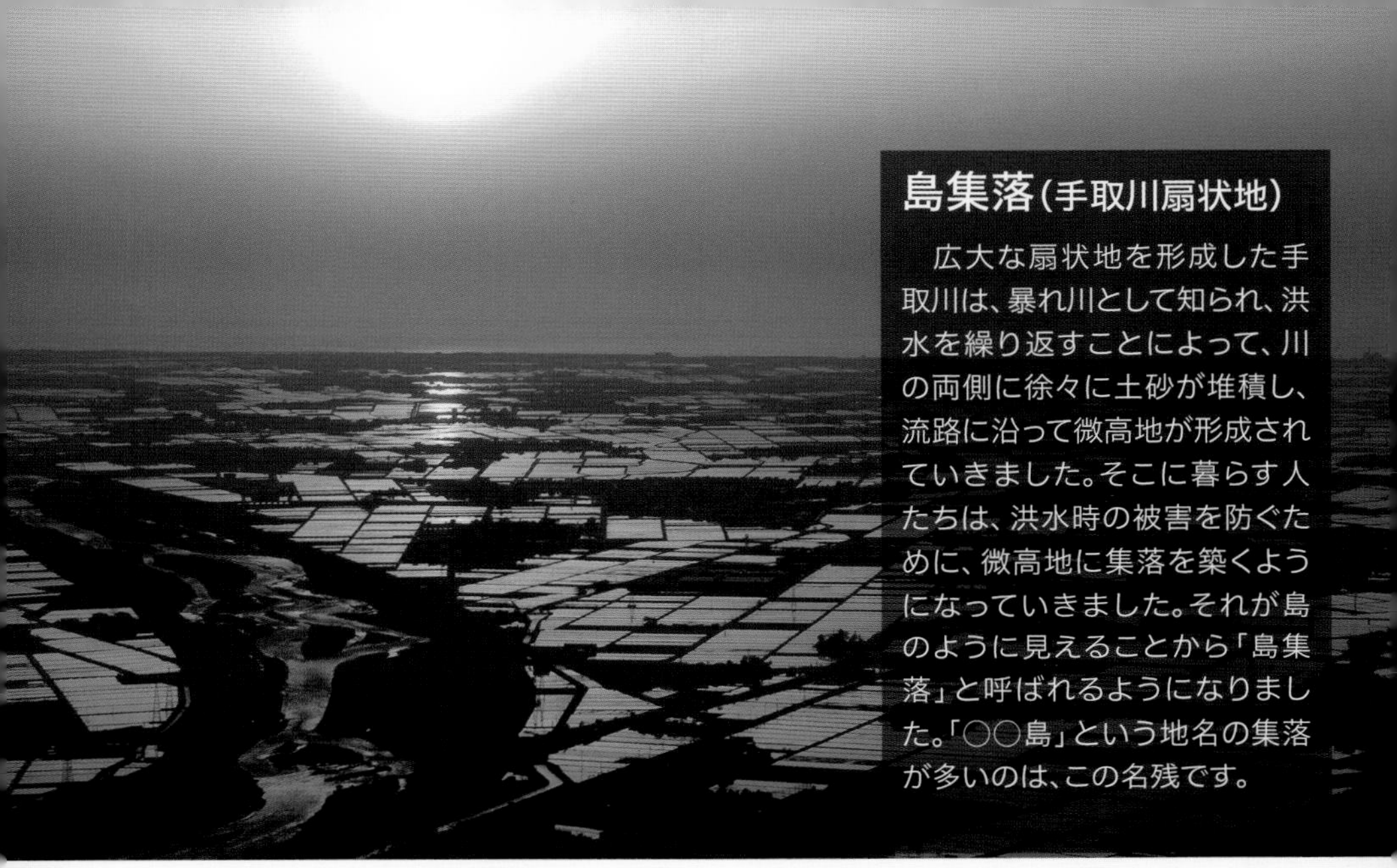

島集落(手取川扇状地)

広大な扇状地を形成した手取川は、暴れ川として知られ、洪水を繰り返すことによって、川の両側に徐々に土砂が堆積し、流路に沿って微高地が形成されていきました。そこに暮らす人たちは、洪水時の被害を防ぐために、微高地に集落を築くようになっていきました。それが島のように見えることから「島集落」と呼ばれるようになりました。「〇〇島」という地名の集落が多いのは、この名残です。

白山美川伏流水群

白山を源流とする手取川の河口域で、自然に地下水が湧きでる名水や井戸水の総称を、白山美川伏流水群と言います。手取川扇状地扇端部の湧水群で、平成の名水百選に選ばれています。地域住民には、生活の一部として親しまれています。

蓮池の水

大浜の水

松任海浜公園(松任C.C.Z)

海岸線と安原砂丘を活かした公園で、温泉施設やプール、グランドゴルフ場などが整備されています。砂浜などには、ハマナス、ハマボウフウなどの海浜植物が自生するほか、公園の沖合い約2～3キロメートル地点、水深20～30メートルの海底には約8000年前の林の名残「松任沖海底林」が分布しています。

白山のめぐみ

壮大な自然に包まれた白山ろくは、
自然の恵みにあふれている土地です。
温泉や滋味あふれる特産物など、
登山の際に白山のめぐみに
触れてみてはいかがでしょうか。

立ち寄り処

自然の恵み

温泉

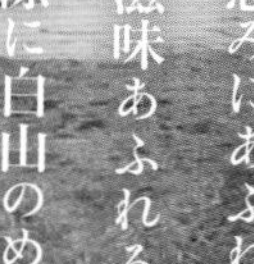

N
日本海
至富山
北陸自動車道
白山IC
徳光スマートIC
松任海浜温泉(CCZ)
松任駅
松任中川一政記念美術館
松任ふるさと館
千代女の里俳句館
白山市立博物館
道の駅
めぐみ白山
石川ルーツ
交流館
加賀笠間駅
美川駅
美川温泉(元湯ほんだ)
呉竹文庫
至福井
JR北陸本線
8
北陸鉄道石川線
ふれあい昆虫館
道の駅
しらやまさん
スカイ獅子吼
パーク獅子吼
白山比咩神社
157
手取温泉
(バードハミング鳥越 弘法の湯)
めおと岩温泉(ラクヨウ)
白山ろくテーマパーク
吉岡園地
鳥越城跡
白山吉野オートキャンプ場
道の駅 一向一揆の里
食彩館せせらぎ
360
観光情報センター
吉野工芸の里
鳥越一向一揆
歴史館
千丈温泉 清流
綿ヶ滝いこいの森
にわか工房
白山里温泉(白山里)
白山すぎのこ温泉
大門温泉センター
レストラン手取川
一里野温泉
(白山癒しの湯 天領)
新中宮温泉
(新中宮温泉センター)
道の駅 瀬女
360
東二口歴史民俗資料館
白山自然保護センター
中宮展示館
手取川ダム
一里野温泉
スキー場
一里野温泉
中宮温泉
(にしやま旅館)
白山白川郷
ホワイトロード
岩間温泉
(山崎旅館)
白山市
手取湖
白山恐竜パーク白峰
白峰重要伝統的
建造物群保存地区
白山ろく民俗資料館
牛首紬 織りの資料館 白山工房
白山
白山高山植物園
雪だるまカフェ
白峰特産品販売施設 菜さい
157
白峰温泉
(白峰温泉総湯)
白山室堂
別当出合
白山温泉(永井旅館)
市ノ瀬
ビジターセンター

温泉

登山の疲れを癒やす

活火山である白山の周辺と手取川流域には、多くの源泉が湧き出ています。登山の宿として、アフターケアの立ち寄り湯として利用できます。

市ノ瀬登山口 山あいの一軒宿

白山温泉（永井旅館）

《泉質》ナトリウム-炭酸水素塩泉

市ノ瀬ビジターセンターの向かい、白山登山口市ノ瀬にある一軒宿。創業時から白山登山者の宿として親しまれてきました。昔ながらの木の湯船に源泉かけ流しのお湯が満たされ、登山の疲れを癒やしてくれます。立ち寄り湯としても、利用可能です。

白山市白峰ノ38　☎076(259)2339

木の湯船の浴室に、襖仕切りの部屋の宿。静かな環境でゆったりとした時間が過ごせる

山奥の秘湯 大自然の中の野天風呂

岩間温泉（山崎旅館）

《泉質》塩化ナトリウム物泉

白山一里野高原温泉から約7キロメートル、人里離れた山奥にある秘湯の宿。大自然と緑に囲まれた源泉かけ流しの野天風呂があり、日中は白山の爽やかな景色に囲まれて、夜は満天の星空のもとで入浴が楽しめます。入浴だけの利用のほか、部屋での休憩や食事がつくさまざまな日帰りプランも用意されています。

白山市尾添ム4-1
☎076(256)7950

露天風呂は混浴だが、湯衣が用意されているので気にすることなく利用できる

野趣あふれる岩風呂の立ち寄り湯
一里野温泉(白山癒しの湯 天領)

《泉質》塩化ナトリウム物泉(弱食塩泉)

白山一里野高原にある温泉センター。白山白川郷ホワイトロードの入口手前に位置します。岩間温泉を源泉とし、そこから約5キロメートルの距離を引湯した天然温泉を贅沢に使用しています。豪快な岩造りの露天風呂が人気。無料の休憩室もあります。

白山市尾添チ28　☎076(256)7846

大きな自然石で造られた露天風呂、熱めの源泉が約42度の適温になって引き込まれている

周囲の山々が望める源泉かけ流しの露天風呂。湯飲み場や足湯も備わっている

中宮道登山口近くの老舗旅館
中宮温泉(にしやま旅館)

《泉質》ナトリウム-塩化物・炭酸水素塩泉

白山白川郷ホワイトロードの無料区間にあり、白山中宮道の登山口に位置します。中宮温泉は、1300年前から続くといわれる秘境の温泉で、胃腸の湯として親しまれています。朝食には、その湯だけで炊き上げたおかゆが味わえます。

白山市中宮ク5-1-12
☎076(256)7219

名物のおかゆやおんせんたまごはお土産として購入できる

週ごとに異なる湯情緒を満喫
白峰温泉(白峰温泉総湯)

《泉質》ナトリウム-炭酸水素塩泉

重要伝統的建造物群保存地区に指定されている白峰地区の中心部にある総湯。「絹肌の湯」といわれるほどなめらかで、湯上りの肌がつるつるになる温泉です。大浴場は週ごとに男湯と女湯が交代し、趣の異なる湯情緒が楽しめます。

白山市白峰口9
☎076(259)2839

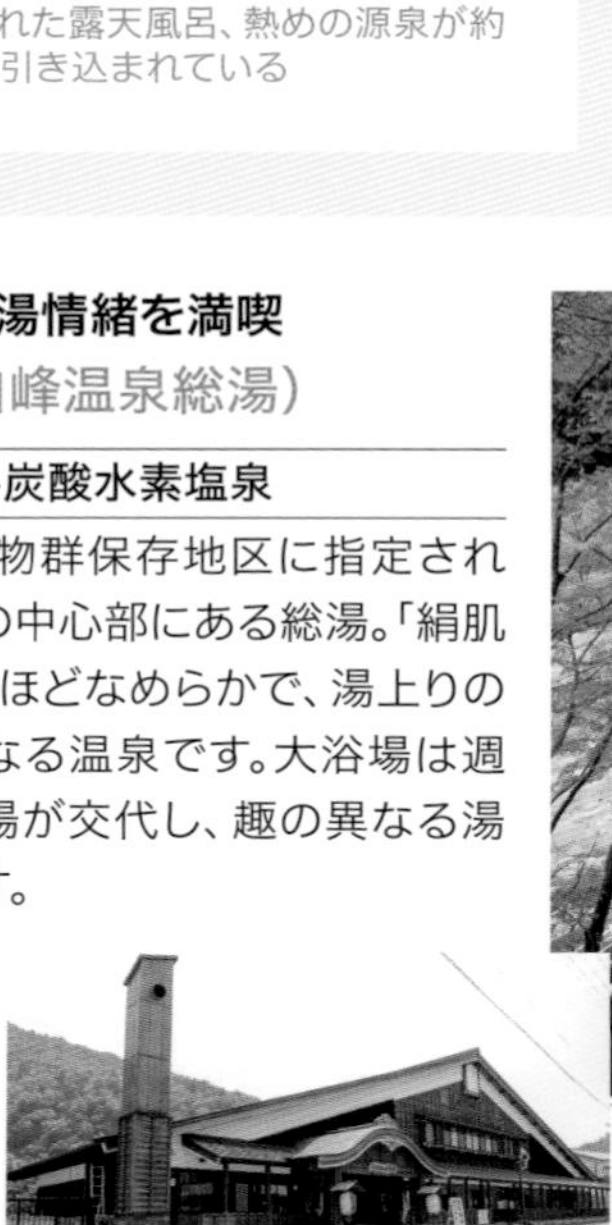

露天風呂からは四季折々の山あいの景色が望める

開放的な岩風呂浴場で寛ぐ
新中宮温泉(新中宮温泉センター)

《泉質》ナトリウム-炭酸水素塩・硫酸塩泉

積み重ねた大きな岩の間から温泉が流れる岩風呂風の広い浴場。洗い場も広々としていて、のんびりと落ち着いた気分に浸ることができます。お湯は肌の表面がスベスベになる炭酸水素塩泉です。

白山市中宮カ8
☎076(256)7730

登山やレジャーの後のアフターケアに最適

肌に優しい滑らかな泉質

研修施設に湧く天然温泉
白山里温泉(白山里)

《泉質》ナトリウム-炭酸水素塩・硫酸塩泉

研修交流館「白山里」に湧く天然温泉。宿泊での利用のほか、のんびりと個室で休憩できる日帰り温泉として、立ち寄り湯としても利用できます。川沿いにあり、浴場の大きな窓からは瀬波川の沢や自然林が見渡せます。

白山市瀬波子51-5　☎076(255)5998

無加水・無加温 純粋の湯でリラックス
白山すぎのこ温泉

《泉質》アルカリ性単純温泉

2018年7月にリニューアルオープン。100%手を加えない、源泉かけ流しの湯がヒノキの湯船を満たします。天然温泉は湯冷めしないで、高いリラックス効果があると、遠方からの常連客が多い温泉です。

白山市佐良タ121　☎076(255)5926

目前に手取川が望める立ち寄り湯
大門温泉センター

《泉質》ナトリウム・カルシウム-硫酸塩・塩化物泉

広々とした浴場は一面ガラス張りで、目の前には手取川や緑の山々の光景が広がります。お湯は塩分のある塩化物泉で、肌当たりのよいやわらかい感触です。

石川県白山市佐良ニ142　☎076(255)5833

レジャーも楽しめる温泉施設
手取温泉（バードハミング鳥越 弘法の湯）

《泉質》カルシウム・ナトリウム-硫酸塩泉

手取峡谷の近く、レジャー施設内にある温泉。サウナも完備しています。最大約200人が収容できるバーベキュー場（予約制）や、人工芝6面のテニスコート（予約制）もあり、さまざまな楽しみ方ができます。

白山市上野町ヤ74　☎076（254）2146

手取川のほとりにあり、絶え間ないせせらぎの音にリラックスできる

めおと岩に由来 さらりとした湯
めおと岩温泉（ラクヨウ）

《泉質》カルシウム・ナトリウム-硫酸塩泉

白山市河内町の国道157号沿いに位置する天然温泉。手取川にそびえ立つ「めおと岩」付近を源泉とする温泉で、さらりとした感触のお湯が特徴です。神経痛、筋肉痛、関節痛、五十肩などに適応症があるとされています。

白山市河内町江津い23-1
☎076（272）4126

美肌に効くコーヒー色の天然温泉
美川温泉（元湯ほんだ）

《泉質》ナトリウム-塩化物・炭酸水素塩泉

「モール泉」と言われる植物起源の有機質を含んだ温泉です。湯の色がコーヒー色をしていて、アトピー性皮膚炎に適応症があるとされています。肌がきれいになると美容と健康を目的とした人々にも人気があります。

白山市長屋町イ111　☎076（278）3434

直海谷川沿いにある寛ぎの温泉宿
千丈温泉 清流

《泉質》アルカリ性単純泉

手取川の支流・直海谷川沿いにある温泉宿。宿泊のほか、日帰り温泉や食事のみの利用もできます。風流な趣のある日本庭園やエステ、バーベキュー施設も備えています。

白山市河内町内尾口65-1　☎076（273）3483

高速を降りずに利用 海辺の温泉
松任海浜温泉（CCZ）

《泉質》ナトリウム塩化物泉

北陸自動車道の徳光ハイウェイオアシスに隣接する天然温泉。並走する一般道路からも利用できます。全面ガラス張りで日本海を一望できる大浴場や潮の香りが楽しめる露天風呂、浅瀬湯、寝湯など豊富な浴場をそろえています。

白山市徳光町2665-1　☎076（274）5520

入浴後、ひと息つける大広間や個室、食事処も完備

豊かな風土が育む

自然の恵み

白山の大地とそこから流れる清く澄んだ水は米、山菜、川魚など豊かな恵みを育み、白山市にはそれを活かしたさまざまな特産物があります。

トチの実

白山ろく一帯ではトチノキがよく見られます。白峰の大道谷《おおみちだに》地区には、トチノキとしては日本一の大きさとされる国指定天然記念物「太田の大トチノキ」もあります。

トチの実は栗よりも一回り大きいサイズで、アクが強く、生では食べられません。手間をかけてアクを抜くことで食べられるようになり、クセになるほろ苦さが引き出されます。トチの実を混ぜた「トチ餅」は、白峰に古くから伝わる伝統食として知られています。

トチの実

トチ餅
餅の中に小豆のあんを入れたもの、餅の外側にあんをまぶしたもの、あんがないものなど、さまざまなトチ餅が作られています。

ソバ畑

白山ろくはソバの生育に適した霧が発生し、かつて水が乏しかった河岸段丘上では昔からソバが栽培されてきました。中でも、鳥越はソバの名産地として知られています。秋にはソバ畑一面に、かれんな白い花が咲き「そば花まつり」、新そばが楽しめる「新そばまつり」が開催されています。

また、白山ろくの白峰から鶴来にかけては多くのそば処があり、各店で手打ちの味を競い合っています。

11月初旬には各店で「新そば」が提供される

白いそばの花が咲くソバ畑

山菜

ワラビ、カタクリ、フキノトウ、ウド、ゼンマイなど白山ろくの山菜の種類の豊富さは、石川県内屈指。冬、雪の下でアクがほどよく抜け、ミネラルたっぷりの雪解け水を吸って、みずみずしく味わい深い山菜になります。

独特の風味で栄養価の高い山菜料理は、食膳をにぎわすばかりでなく、白山一帯の長寿の秘訣ともなっています。

白山ろくの宿では、周辺の山々で採れた山菜料理でもてなしてくれる

フキノトウなど

ワサビ

カタクリ

旬に採取したゼンマイを天日にさらして乾燥。水で戻すと一年を通して春の味が楽しめる

山菜を使った特産品
道の駅や特売所では、白山ろくで自生する山菜や野草などを活用した特産品が販売されています。どれも製造者が創意工夫を凝らした逸品で、白山の恵みが味わえます。

白山わさびを使用したわさびの粕漬け

フキノトウや柚子などの味が楽しめるなめみそ

乾燥させた山ヨモギを珠洲産の自然塩と合せた山よもぎの塩

堅豆腐

荒縄で縛っても崩れない堅豆腐は白山ろくに古くから伝わり、貴重なタンパク源として珍重されてきました。通常の豆腐の数倍の大豆を原料とし、重石をして水分を抜き、濃厚な味わいに仕上げます。

刺身風にしてわさび醤油で食べることが多く、ステーキやハンバーグにするのも好まれています。

白山ろくでは地域ごとに堅豆腐に特徴があり、道の駅では最寄りの地域のものを販売しています。地元の堅豆腐を求めて出掛け、食べ比べてみるのも楽しいのでは。

荒縄で縛っても崩れない固さ

堅豆腐を使った特産品
各店独自の堅豆腐のほか、堅豆腐を素材として取り入れた特産品もつくられています。

白山ろく名物の堅豆腐を使った白いカレー

堅どうふの豆乳を使用したソフトクッキー

かっちり

皮付きの小さなジャガイモを煮詰めたかっちり

かっちりとは、小さなジャガイモを煮詰めたもので、白峰に伝わる昔懐かしい料理です。通常なら捨てられてしまう直径3～4センチの小さいジャガイモを皮ごと醤油と砂糖で3～4時間かけてじっくりと煮込みます。

皮がしわしわになると出来上がりで、皮が香ばしく、ホクホクとした食感が楽しめます。主に冬場の副食の役割を果たしてきました。

おかずにもおやつにもなる、ふるさとの味

軽くあぶれば香ばしさも楽しめる

こんかいわし

フグのほか、ニシン、サバ、イワシなども糠漬け(こんか漬け)に使われています。

魚の糠漬けは、冷蔵庫のない時代に、どうしたら食品をおいしく長持ちさせられるか、先人の知恵と努力から生まれた保存食。かつての貴重なタンパク源で、今も名物となって楽しませてくれています。

ふぐの子糠《ぬか》漬け

石川独自の発酵食として親しまれているのがフグの糠漬け。その中でも、卵巣を使ったものは「ふぐの子」と呼ばれています。フグの卵巣は猛毒を含み、許可を得た製造業者のみが「ふぐの子」を製造でき、白山市では美川地区で製造販売されています。

発酵食特有の濃厚な糠の香りやざらつく食感が楽しめます。

ご飯にまぶしたり、日本酒と一緒に味わう

認定された酒の瓶には「GI HAKUSAN」のシールが貼られている

GI白山～白山菊酒《はくさんきくさけ》～

「白山」は日本で初めて清酒の地理的表示「GI」に指定されました。「白山菊酒」はGI白山の元となる日本酒のブランドです。品質に一切の妥協を許さない白山の蔵元の一途なこだわりから生まれました。厳しい基準を満たした地元の日本酒が認定されます。

白山ろくの恵みが詰まった御膳

白山百膳《はくさんひゃくぜん》

霊峰白山から流れ出る水、地元でとれる米や山菜、川魚などを使った御膳料理をおいしく食べてもらおうと、平成30年(2008)に白山市の白山商工会が「山のもんづくしの健康ごはん白山百膳」事業をスタート。白山ろく地域の飲食店では、地元の食材をおいしく食べてもらうために、工夫を凝らしたオリジナルの御膳料理を提供しています。

各店に掲げられたのぼり旗やステッカーが白山百膳の目印

お食事・お買い物に

立ち寄り処

白山ろくを訪れたら、
ぜひ立ち寄りたい道の駅や
一度は食べてみたい地元グルメ、
ここでしか手に入らない
お土産を紹介します。

白山ろくの食材を使った特産品ブランド「白山百選」コーナーも設置

白山ろく観光のキーステーション
道の駅 瀬《せ》女《な》

白山白川郷ホワイトロードへ続く国道360号と国道157号の合流点に位置します。地元の手作りの味、手工芸品など白山麓の特産品を多数販売。自家製豆腐、味噌煮込みうどん、自家製粉のそばが楽しめる食事処のほか、パン屋が併設され、焼きたてのパンが味わえます。

白山いのドッグ

白山ろくの猪を使った珍しいドッグ。

パン工房「山のパン屋さん瀬女」

営業時間／9:00～17:30（11月下旬～3月中旬は17:00まで）
休業日／無休（11月下旬～3月中旬は水曜、年末年始）
白山市瀬戸寅163-1
☎076（256）7172

白峰のお土産処、お食事処
白峰特産品販売施設 菜さい

白峰温泉総湯の近くにある特産物販売所。白峰名物のトチ餅や堅豆腐、素朴な手作り民芸品などが並んでいます。食事処が併設され、白峰で採れた山の幸と自家栽培の雑穀を使ったオリジナルメニューを提供しています。

じげ御膳（堅豆腐ステーキ）

白峰の郷土料理を詰め込んだぜいたくな御膳。

白峰の特産品が並ぶ販売コーナー

営業時間／10:00～17:00
休業日／火曜（祝日の場合は翌日休業）、年末年始
白山市白峰口64-3
☎076（259）2588

地元野菜や名産品がそろうせせらぎ館

鳥越の絶品そばが味わえる
道の駅 一向一揆の里

そばの産地として知られる鳥越地区に位置し、地元産の手打ちそばが味わえるそば処があります。直売所・食彩館せせらぎには、白山の水で育つ米、野菜、山菜、キノコなどがそろいます。また、この地で500年前に起こった一向一揆の歴史と文化について学べる「一向一揆歴史館」も隣接しています。

せせらぎ膳

手打ちの二八蕎麦と鳥越産米のおにぎりのセット。

営業時間／[**直売所**]9:00〜16:00（4月〜11月中旬）、10:00〜16:00（11月中旬〜3月）　[**そば処**]（4月〜11月中旬）11:00〜16:00　（11月中旬〜3月）、11:00〜15:00 ※ただしそばが無くなり次第終了
休業日／第1・3月曜（GW〜11月中旬）、毎週月曜（11月中旬〜GW）※祝日の場合は翌日
白山市出合町甲36　☎076（254）2888

旬の地元野菜、加工品、菓子などが並ぶ

白山市内の魅力を発信する新スポット
道の駅 めぐみ白山

国道8号沿い、金沢市と小松市の中間に2018年（平成30）4月にオープンした道の駅。130席の広々としたレストランや地場産の直売マーケットのほか、観光情報コーナーには大画面に流れる迫力の動画や鉄道のまち白山を象徴する北陸新幹線W7系の実寸大パネルを設置しています。

営業時間／9:00〜19:00
（11月〜3月は9:00〜18:00
休業日／無休（1月〜2月は火曜
12月31日〜1月4日
白山市宮丸町2183
☎076-276-8931

加賀白山にわかそば

鳥越産そば粉を製粉。鮮度が落ちないうちに乾麺に。

にわか工房
白山市三ツ屋野町ト3－7
☎076（255）5930

クマ鍋 ※11月〜3月まで

冬眠前の旬のクマ肉を使用した伝統の山料理。

レストラン手取川
白山市木滑出75-1
☎076（255）5159

シシ鍋

カルシウムなどを多く含むイノシシの肉を使用した鍋。

白山里温泉（白山里）
白山市瀬波子51-5
☎076（255）5998

白山の厳選土産

白山白選

hakusan-no-megumi.jp

「白山百選」とは、白山ろくの食材や昔から伝わる製法を活用した特産品を周知してもらおうと白山商工会が立ち上げた特産品ブランドです。製造者や販売者の想いやこだわりがつまった品ばかりで、白山のお土産におすすめです。

「白山百選」の商品は道の駅で販売されています。それぞれの道の駅では地域ごとの商品を取りそろえているので、各道の駅でお目当ての逸品を探して、お買い求めください。

また、詳しい情報や商品一覧はホームページで紹介しています。

いのししのうま煮

梅肉を入れてやわらかくなるまで煮込んだうま煮。手軽にジビエが楽しめる。

白山麓ジビエカレー

白山麓のイノシシ肉を使ったカレー。宿で提供するカレーが評判で商品化された。

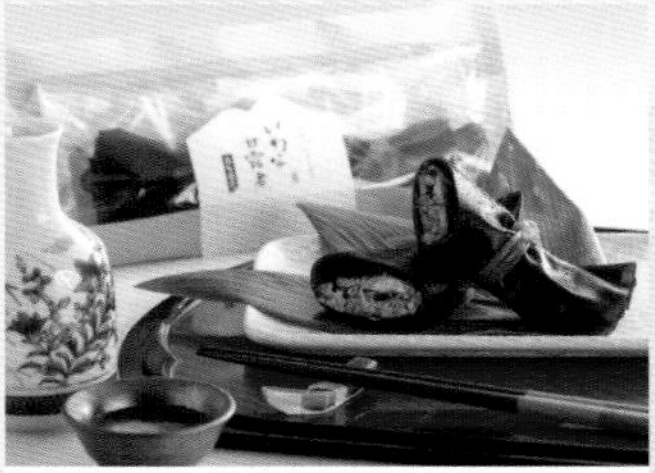

いわな甘露煮(昆布巻き)

上質な脂がのった岩魚を1匹丸ごと昆布巻きに。芯まで味が染み込んでいる。

白山の発酵食きゃらめる

地元の酒かす、甘こうじなど、白山素材の発酵食を練り込んだキャラメル。

英屋の白山どじょう

上質な餌で育てられる白山ろくの鰌《どじょう》。ミネラルが豊富な伏流水が味の決め手に。

こんかにしん

にしんを糀と糠で漬けた郷土料理。醤油で漬け込み風味豊かに仕上げている。

白山野草の健康茶

春の七草茶、秋の七草茶と、ドクダミや柿の葉などをブレンドした22種の野草茶。

風のわさびドレッシング

白山わさびと剣崎なんばの地元産の素材を合わせた珍しいドレッシング。辛さの中にまろやかなコクがある。

Hakusan Jerky

白山ろくで仕留めた猪のモモ肉をハーブ類とともに塩漬けにし、白山ろくのブナのチップで燻製に。

白山麓の鬼ぐるみシフォンケーキ

希少性の高い白山の鬼ぐるみをつかった贅沢なシフォンケーキ。

かまし饅頭

自家栽培のシコクビエ（かまし）がまんじゅうの皮に練り込まれ、香ばしく懐かしい味わいに。

山里のカキモチ

地元産の餅米を使用。胡桃やウド、トチの実、山ヨモギなど6種類の味が楽しめる。

800年の時を超える技で紡ぐ

牛首紬

白山市白峰は、高品質の紬である牛首紬の生産地。800年以上前に、源氏の落人によって伝えられたと言われています。

2匹の蚕が共同で一つの繭を作る玉繭から、昔ながら製法で手で糸を紡いで織り上げ、その製造技術は石川県の無形文化財に指定されています。

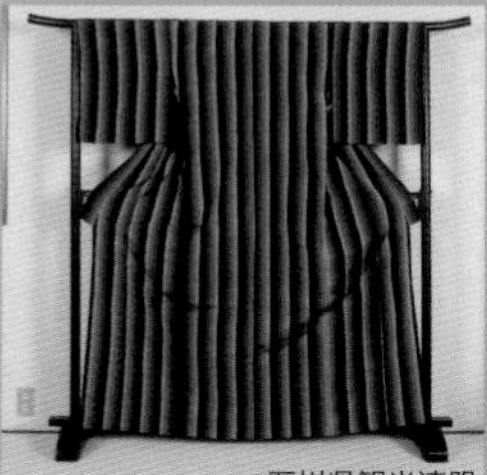

©石川県観光連盟

牛首紬 織りの資料館

白山工房

牛首紬の糸づくりから機織りまでの作業工程が見学できます。貴重な資料が展示されているほか、牛首紬を使ったさまざまな小物も販売しています。

営業時間／9:00〜16:00
休館日／隔週土曜・日曜・祝日
白山市白峰ヌ17
☎076(259)2859
【完全予約制】

登山情報提供サイト

白山観光協会HP

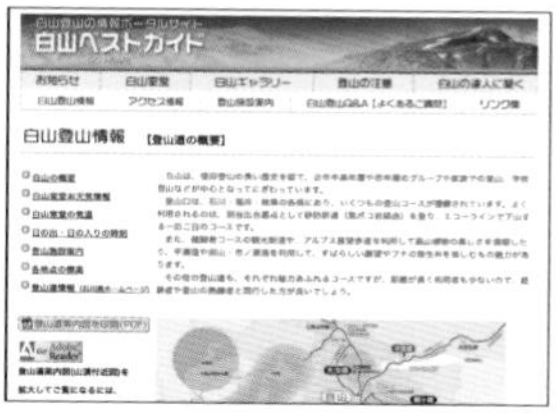

白山観光協会ホームページは、安全で楽しい白山登山のためのポータルサイトです。登山情報、アクセス情報、宿泊施設情報のほか、登山の注意事項、白山を楽しむギャラリー、よくある質問Q＆Aまで、役立つ内容が盛りだくさんです。

白山市HP

白山市ホームページの「登山情報（白山）」では、現在の注意事項として、感染症対策に関する注意事項や駐車場の供用情報、宿泊施設に関する最新情報が掲載され、関係機関へのリンクが分かりやすく設定されています。

石川県HP

石川県ホームページの「白山登山をされる方へ」は、室堂ビジターセンターなどの施設や、登山道の注意個所に関する情報、提出が義務化されている「登山届」へのリンクなど、総合的に登山に関する各種情報を掲載しています。

バス・タクシー・道路

北陸鉄道バス	☎076(237)5115
加賀白山バス	☎076(272)1893
マップ（市ノ瀬〜別当出合シャトルバスなど）	☎076(214)7300
大野市営バス	☎0779(66)1111
加越能鉄道バス	☎0766(22)4888
JR東海バス	☎052(563)0489
郡上市自主運行バス	☎0575(67)1831
長良川鉄道	☎0575(23)3921
白山タクシー（白川郷）	☎05769(5)2341
白山白川郷ホワイトロード管理事務所	
（石川）	☎076(256)7341
（岐阜）	☎05769(6)1664
日本道路交通情報センター	
（石川県）	☎050(3369)6617
（福井県）	☎050(3369)6618
（岐阜県）	☎050(3369)6621

行政機関など

《石川県》

石川県危機管理監室危機対策課	☎076(225)1482
石川県警察本部地域課	☎076(225)0110
白山市観光課	☎076(274)9544

《福井県》

福井県防災課危機対策・国民保護グループ	☎0776(20)0308
福井県警察本部地域課	☎0776(22)2880
大野市観光振興課	☎0779(66)1111

《岐阜県》

岐阜県警察本部地域部地域課	☎058(271)2424
郡上市白鳥振興事務所産業建設課	☎0575(82)3111
白川村観光振興課	☎05769(6)1311

白山の自然や見どころに関するサイト

白山ユネスコエコパーク

白山ユネスコエコパーク協議会のホームページは、ユネスコエコーパークと白山ユネスコエコパークの概要を説明するとともに、石川・富山・福井・岐阜の4県6市1村のユネスコエコパークに登録されているエリアを紹介しています。

白山手取川ジオパーク

白山手取川ジオパーク推進協議会のホームページは、ジオパークについての説明や数多くの見どころ紹介のほかに、地元のガイドと行く「まち歩きジオツアー」や半日から1日で回る「ツーリズムモデルコース」などを紹介しています。

石川県白山自然保護センター

石川県ホームページの「白山自然保護センター」は、白山登山情報のほか、同センターの施設の利用案内、体験教室や県民講座など白山の自然と親しんだり学習したり出来る各種イベントの開催案内も紹介しています。

宿泊施設

《山小屋》

白山室堂

(現地)	☎0761(21)9933
(白山観光協会)	☎076(273)1001

白山南竜山荘

(予約)	☎076(259)2022
(白山市地域振興公社)	☎076(272)1116
(現地)	☎0776(54)4528

白水湖ロッジ(平瀬道)

(現地)	☎090(2770)2893
(財・日本森林林業振興会名古屋支部)	☎052(683)9248

《野営場》

南竜ヶ馬場野営場(白山市地域振興公社)	☎076(272)1116
市ノ瀬野営場(白山市地域振興公社)	☎076(272)1116
上小池野営場(大野市観光振興課)	☎0779(66)1111
大白川野営場(白川村観光振興課)	☎05769(6)1311

《旅　館》

白山温泉(市ノ瀬)

永井旅館	☎076(259)2339
白山一里野温泉(加賀禅定道) 白山一里野温泉観光協会(白山市尾口支所)	☎076(256)7011

新岩間温泉(岩間道・楽々新道)

山崎旅館	☎076(256)7950

中宮温泉(中宮道)

にしやま旅館	☎076(256)7219
木戸旅館	☎076(256)7771
湯宿くろゆり荘	☎076(256)7955

鳩ヶ湯鉱泉(鳩ヶ湯新道)

鳩ヶ湯温泉	☎0779(65)6808
石徹・白鳥観光協会(美濃禅定道)	☎0575(82)5900
白川村観光振興課(平瀬道・鶴平新道)	☎05769(6)1311

あとがき

前著「白山に登ろう」が新装版として出されたのは2010年でした。その4年後の9月27日、警戒レベル1（平常）の御嶽山で専門家の方たちも想定しなかった大規模な噴火が発生し、山頂付近に居合わせた多くの登山者が被災しました。死者58人、行方不明5人、負傷者68人という、未曽有の犠牲者を出した大惨事を機に、活火山の警戒レベル1は従来の「平常」から「火口内では立ち入りの規制をする場合がある」と改められ、万一の災害時の対応として、岐阜県で活火山への入山規制の見直しがすすめられ、同じ活火山である白山への入山に際しても届出が義務づけられることになり、隣接する石川県、福井県でも届出の義務化に踏み出しました。

過去約1万年以内に噴火をしたことがある活火山が、日本には111（2017年時点）あるそうですが、富士山、乗鞍岳、立山、八甲田山、大雪山など、振り返れば全く無警戒なまま出かけていました。

とりわけ夏の白山については、「美しくておだやかな山」「危険な箇所が少ない、初心者でも楽しめる山」などと推奨してきた一人として、今回「白山登山」執筆に当たっては、白山についての生半可な知識や受け売りを喧伝する以前の、自然に対する謙虚さをもって、基本に立ち返って見直すことを心がけました。

石川に移り住んで26年、とはいえ不勉強もあって地元の方々に、いまだに「おんぶにだっこ」を繰り返しています。国内の山歩きでは避けられない、山岳信仰に関する記述についての不安や、白山全般に関する極々マイナーな疑問が生じるたびに、20年来親しくしていただいている複数の「かかりつけ医」にメール攻勢をかけて、ご教示をいただいてまいりました。もちろん白山自然保護センターの方々に、なにかにつけメールでのご指導をいただいてきたことは言うまでもありません。

そのような次第ですから、今回の「白山登山」は、ご協力いただいた多くの方々のお力添えによるものとお受け取りいただければ幸いです。いつまでもゴミひとつない美しい白山登山が楽しめますことと、気候変動による自然環境の破壊が進まないよう、地球規模で智恵を出し合えることを願っております。

2020年初夏　柚本　寿二

【編著者】 柚本 寿二（ゆもと・ひさじ）

1948年香川県生まれ。腰痛対策にと、30代に入ってから植野稔氏（『源流の岩魚釣り』などの著者）に同行してイワナ釣りと沢登りを始める。冬山、岩登りを経て夏山に到達。小松市在住。

《主な山行》

■ 沢／実川支流裏川、黒部川支流柳又谷、黒部川上ノ廊下、池郷谷、他
■ 積雪期／マイナーピーク～八ツ峰～剣岳、北鎌尾根～槍ヶ岳、後立山連峰縦走、他
■ 岩／谷川岳一ノ倉沢奥壁、衝立岩、唐沢岳幕岩（積雪期）、他
■ 夏山／大幌内川遡行～南八甲田縦走、蓮華温泉～朝日岳～白馬岳～祖母谷～阿曽原～池の平～剣岳～真砂沢～内蔵助平～黒部ダム、西穂高岳～奥穂高岳～北穂高岳～南岳～槍ヶ岳、他

《著　書》

「白山に登ろう」「白山山系 とっておきの33山」「越前・若狭 魅力の日帰り40山」
「ほくりく日帰り山歩き VOL1、VOL2」（いずれも北國新聞社刊）

【協　　賛】石川県　白山市

【執筆協力】梅　典雅氏　東野外志男氏
石川県白山自然保護センター　石川県生活環境部自然環境課

【取材協力】石森長博氏　西嶋錬太郎氏
白山市環境文化スポーツ部観光課、ジオパーク・エコパーク推進課
白山観光協会　白山市地域振興公社　白山市商工会

【参考文献】白山比咩神社編「白山詣」白山比咩神社 1933年

林弥栄編『日本の野草』山と渓谷社 1983年

林弥栄編『日本の樹木』山と渓谷社 1985年

下出積与『白山の歴史』北國新聞社 1999年

白山本宮神社史絵編纂委員会編
『図説白山信仰』白山比咩神社 2003年

白峰村村史編集委員会編
『白峰村史』（各巻）白峰村 1959～1991年

日本歴史地理学会校訂『斐太後風土記（上・下）』
大日本地誌大系刊行会 1915/1916年

林正一ほか『白山を歩く』山と渓谷社 2000年

石川県勤労者山岳連盟編『新北陸の名山』
石川県勤労者山岳連盟 1997年

梅　典雅 文・写真「白山＊花ガイド」橋本確文堂 2006年

石川県白山自然保護センター普及誌『はくさん』各号

＊本書に掲載した地図は、国土地理院長の承認を得て、同院発行の2万5千分の1地形図を使用して調整したものです。（承認番号）平14北複、第94号

白山登山
全コースガイドと白山手取川ジオパーク

2020（令和2）年7月15日　第1版第1刷
編著者　柚本　寿二
発　行　北國新聞社
〒920-8588 金沢市南町2-1
電話 076（260）3587
Eメール　syuppan@hokkoku.co.jp

ISBN978-4-8330-2212-5